キャリア後半の人生戦略

「会社を辞めて幸せな人」が辞める前に考えていること

木下紫乃

はじめに

はじめまして、皆様。そしてお久しぶりの方も元気にしてた？

「スナックひきだし」の紫乃ママこと木下紫乃です。私は２０１６年に「ヒキダシ」という会社を立ち上げ、細々と我が世代、そう、自分を含むミドルシニア世代の人たちにエールを送りたくて、わちゃわちゃといろいろなことをやっています。週に１日、真っ昼間から東京・赤坂見附にある自分のお店のカウンターに立って、お客さんとわいわい話したり、あるときは企業に出向き、中高年世代の方向けにこれからのキャリアを考える研修の講師をやったりしています。

「スナックママ」と「キャリア研修の講師」。一見なんのつながりもないように見える仕事だけれども、私の中ではしっかりつながっているのよ。どちらも、誰かの人生のこれまでの軌跡を振り返ったり、軌道変更や軌道修正について誰かと話すきっかけをつくったりするナビゲーター役だってこと。

私のお店も開店して早7年。たくさんの素敵な人たちに来ていただいています。

素敵っていうのはね、なにも大きな会社でお偉いさんをやっているとか、どえらいお金持ちになったとか、そういうことじゃないの。障害のある子どものために少々会社で不遇なことがあっても頑張っている50代の方、大きな病気を何度もして、気持ちが折れてしまいそうになりながらも、やっぱり自分のことを諦めずに小さな挑戦をしている40代後半の彼女。会社で居場所がなくなっちゃって転職活動をしているけど、40社に落ち続けてまだ1社も面接に進めない。でもめげずに前向きに挑戦している50代後半の常連さん。50歳でいろいろあってすべてなくしてしまったけれど、裸一貫からまたやり直した70歳のおじさま……。そんな「挫折」や「困難」に直面し、困惑しながらもお店で他のお客さんたちと笑いながら、「もう一度、頑張るわ」と言い残して帰る人たち。

私はそういう素敵な人たちに支えられてお店をやってきました。

正直、私にできることはほとんどないの。ただ耳を傾け、そして一期一会で集った人たちと、それぞれが背負っている荷物を見て「そりゃ大変だったね」「それは許せないね」って一緒に愚痴を言ったり声を掛け合ったりするだけです。

でも、前の著作『昼スナックママが教える　45歳からの「やりたくないこと」をやめる勇気』でも書いたように、誰かの挑戦は他の誰かの背中を押すこともあるんです。挫折や困難はいつか「ネタ」になる。みんなでネタを笑い合いながら、お互いを称え合っている。そんな皆さんを見て、誰よりもお店にいる私がいつも励まされています。

この本では「会社を辞める」「会社を辞めない」という、ミドルシニア世代にとってまあまあに大きなテーマを抱えてお店に来てくれた10人の方と話したエピソードを紹介しました。

結局辞めた7人、辞めなかった3人。

次の道がゆるやかに見えてきて、大好きだった会社を辞めることを決意した人、地方転勤を経て、ギラギラの広告代理店・執行役員から福祉の道に進むと決意した人、「あなたは自分の人生を生きていない」と言われてハッとし、キャリアを会社に預ける人生から卒業した銀行マンたち。一方で、早期退職に応募するか10人に相談した結果、辞めるのを踏みとどまった人、日経新聞の人事欄で学生時代の仲間の名前を見るたびに悶々とするエリートサラリーマン……。でもね、選択に正しい、正しくないなんてないんです。自分の選択を「正解」にしていけるのは自分だけなんですよ。

この本を手に取ったあなたも、一度や二度は会社を辞めたいって思ったことがきっとあるわよね。大企業の社長でさえ「辞めたいと思ったことがある」って言っていたもの。それが自然だと思うの。自分でつくった会社でもなくて、自分が選んだ人とだけ働いているわけでもなくて、仕事の内容だって自分のやりたいことだとは限らないし、自分の意思とは関係なくどんどん変化していく。そんななかにいて一度も辞めたいって思わないって、驚異の鈍感力……失礼、柔軟性の持ち主か、逆に全く仕事に思い入れがないかのどちらかじゃないかしら。

人は会社を「辞めたか」「辞めなかったか」の結果しか聞かない。

でもそこに至るまでにはその人らしい会社への思いがある。その人がどんな人で、何を大事にしていて、どんな仲間とどんなふうに仕事をしてきて、どんなふうに働く喜びを感じてきたのか。

たかが、会社。されど、会社。

人生後半に差し掛かった私たちは、バブル世代、超就職氷河期世代と、時代のはざまで「会社」ってもんに対して悲喜こもごも、並々ならぬ思い入れを持っている世代。Z世代からは馬鹿にされちゃうかもしれないけど、そんな時代を生きてきた私たちと会社とのストーリーを聞いてもらいたいの。

そこには、かつてのあなたがいるかもしれないし、ああ今まさに同じことを考えていたって思える話があるかもしれない。そして、これからの道を自分で選んでいこうとしているあなたの背中を、ちょっとだけ押す話が眠っているかもしれない。

スナックで隣のお客さんとママの話に聞き耳をたてるように気楽に、聞いていってください。さあ、ドアを開けて。

いらっしゃいませ。

「スナックひきだし」紫乃ママこと木下紫乃

目次

Session 8

「女性活躍」の被害者、激白

大企業の本音と建前に翻弄された45歳

Session 9

日経新聞を読むのがツラいと感じたら…

出口治明さんに憧れるのをやめた56歳

日経
クロスウーマンで
好評連載中
https://woman.nikkei.com/

※本書に掲載の情報は働く女性向けウェブメディア「日経クロスウーマン」に連載中の「昼スナックママに人生相談」の記事（2021年1月～2024年5月公開）を大幅に加筆、再編集したものです。個人が特定されないよう、事実関係を一部変更しているものもあります。あらかじめご了承ください。

PART 1

やり切った50代の「会社を辞める」決断

Session 1

「辞めた会社」は「昔の彼氏」と同じ

来店客1

「会社のことは好きだったけど…」次の波に乗った53歳

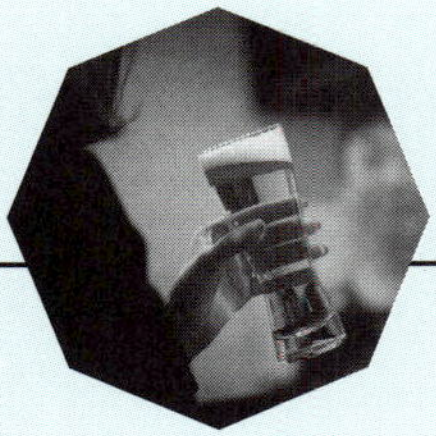

高木美佐さん（仮名、53歳）

大学卒業後、大手メーカーに入社。33歳で初めて受けた管理職試験に落ち、直後に子会社へ3年間出向。会社員でも「キャリアの軸」を持つ必要性を感じて社会人大学院に通う。47歳で再び出向した会社が売却されて窮地に追い込まれるも、本社に戻って見事に復活。新規事業を立ち上げて軌道に乗せたタイミングで、友人から声をかけられ、53歳で団体職員に転職。今は前職時代よりもゆとりがあり、自分のやりたいことに向かっている。

大好きな会社が変わっていくのを目の当たりにして

紫乃ママ　美佐さん、お久しぶり。会社を辞めたって聞いてすごく驚きましたよ。

美佐　ご報告が遅くなってすみません。昨年秋に退社して、今はある社団法人で働いています。

紫乃ママ　私たち、かれこれ15年以上のお付き合いですよね？　美佐さんは会社員時代にずっと走り続けている感じで、このまま定年まで走り切るんだろうなあって勝手に思っていたから本当にびっくり。ちょっとは楽になった？

美佐　少し楽になった気がします。退社日のギリギリまで働いていましたけど。

紫乃ママ　有休消化もしていないの？　真面目過ぎない？　でも「らしい」わね。

美佐　次の仕事が決まったのが急だったんです。**10年以上前に社会人大学院へ通っていたんですが、そのときの同級生がまず「週に1度、副業でどう?」と声をかけてくれて。**大学院修了後も月に1度くらいは勉強会を続けていて「いい仕事があったら声をかけてね」とはずっと言っていたんです。とりあえず履歴書を提出したら、思いのほかキャリアが評価されてとんとん拍子に話が進み、フルタイムで働くことに。決まってすぐに会社に辞めると伝えました。

紫乃ママ　なんと！　そうだったんですね。まあ今の転職先につながるテーマのプロボノ（仕事で培ったスキルや経験を生かした社会貢献活動）もずっとされていましたもんね。それにしても、よくすんなり会社を辞められましたね。

美佐　仕事的にもちょうどいいタイミングだったんです。私が立ち上げたサステナブル系の新規事業が軌道に乗って、後継者もできて。転職の誘いが1年前だったら、辞められなかったと思うんですけど。

もう1つ、ここ数年の会社の激動ぶりにうんざりしていたんです。**組織体制や**

雇用体系がガラリと変わり、急速に外資のようになったというか。経営判断として仕方ないとは思うのですが、やり方があまりにも強引で社員のマインドは全くついていけない状態。私たちのようなバブル世代をリストラしたいんだな、というのもなんとなく伝わってきて。愛社精神は人一倍あったので、なんだかなあと。

紫乃ママ　愛した彼は昔の彼ならず、か。偶然にも美佐さんと同じ会社を辞めた友人がいるけど、会社を辞める話をするとOB、OGから一斉に「なんであんないい会社を辞めるんだ？　訳が分からない」って言われるって言ってた。会社の変化を知らない世代の人たちは「あんな素晴らしい会社を辞めるなんて」って思うんだろうね。

美佐　そういう会社なんですよ（笑）。引退した元役員とお会いしたときに、「なんで辞めたんだ?」と聞かれて、辞める直前の社内の状況を説明したら「その状況を君が改革しないといけなかったんじゃないのか」みたいなことを言われました。

紫乃ママ　おお、美佐さんにそこまで担わせようとするか。

美佐　ね。でも、もう私にできることはないと思って。転職活動をしていたわけでもないけど、本当にいいタイミングで声をかけてもらったんですよね。

紫乃ママ　「人生100年時代」とかいわれるずいぶん前から、仕事とは別にキャリア支援みたいなことをやっていらっしゃいましたよね。

30代で訪れた2つの大きな転機

美佐　私がキャリア形成について初めて意識したのは、33歳のとき。2つの大きな転機がありました。**まずは管理職試験に落ちてしまったこと。そしてその直後に子会社へ出向と言われたこと。**

ものすごくショックでした。当時は女性管理職がほぼいなかったので「女性だから不合格だったんじゃないか」とうがった見方をしてしまって。出向もそれまではほとんど事例がなかったんです。これはもう辞めろっていうことだなと受け止めて、初めて転職活動をしたんです。それまでは会社の指示のもとでいかにパフォーマンスを上げるかばかりを考えていたので、**「自分が何をしたいか」「何ができるか」について考えたことがありませんでした。**20年以上前は、転職市場も今ほど活発じゃなかったので、行きたい会社もなくて。

そのときに、**会社員であっても自分の強みを知り、キャリアの軸を持っていないと会社にいいように使われてしまうし、市場価値のない人間になってしまうと身に染みて分かったん**ですよね。もっと若いうちから考えられていたら、試験に落ちたことも出向も、受け止め方が違ったなと。自分のような目に遭う人がこの先出ないように、社内でもキャリアのことを考える機会を提供したいと思い始めました。

それから経営全般の勉強を始めて、大学院にも通って。仕事でも最終的には自分の思いを実現することまでできたんです。**実は会社員としてはすごくハッピーだったん**ですよ。自分で立ち上げたサステナブル系の新規事業で成果も残せましたし。会社が激変するなかで、私の事業に対する会社の優先順位は低くなっちゃったんですけどね。

紫乃ママ　30代でキャリアの軸を持つ大切さに気づけたのはよかったね。そして最後は会社にもしっかりとお土産を渡せたんですね。

私、実は美佐さんは絶対にあの会社で女性初の役員になると思っていたのよ。女性活躍の星みたいな感じだったし。当時「もしかしたら役員になるかも」と思ってなかった？

美佐　少し思っていました。

部長までは応援、その先の道は妨害する人たち

紫乃ママ　印象に残っているのは、**部長になるまではみんな「頑張れ」って応援してくれたのに、その先になるとひょう変したっていう話。**小学生みたいな意地

悪をしてくる人がいたって言っていましたよね。「女性活躍だいじ〜」とか言いながら、実際に自分より偉くなりそうな女は許せないと。

美佐　そうなんですよ。あのときは大変でした。私がいた部署が丸ごと潰されたこともあったんです。40代後半の頃かな。それで2度目の出向をすることになって。部長として小さな子会社に出向したんですけど、なんと出向した会社が売却されることになって。一気にてんやわんやですよ。

紫乃ママ　うわ、部署取り潰しからの出向、そして会社をたたむ経験まで……めっちゃ苦労してる。涙なしには語れない。

美佐　怒とうでしたね。まさか私が、と。脳内では経歴から抹消しています（笑）。

紫乃ママ　えー、それ消さなくていいのに。その経験はすごく糧になっているはずよ。以前、あるヘッドハンターから「**実は新規事業を立ち上げた人より、事業をたたんだ経験のある人のほうがニーズがある。**そういう経験のある人は少ないんです」と聞いたことがあってさ。事業をたたむって、人の解雇とか含めてすごく大変で、なかなか経験できないことでしょ。そんな経験をしている人はむしろ三顧の礼で迎えたいっていう会社は多いらしいよ。だから黒歴史にはしなくていいと思う。会社が決めたことなんだし。

美佐　なるほど。その後も、本社に戻り先があるのかな？　といろいろ悩んで。でも、結局私がやりたかった事業ができそうで、戻りました。

紫乃ママ　エリートばかりの本社にいるだけじゃ気づけないこともたくさんあったでしょう。子会社への出向時には、社内でお金が盗まれたり、トイレットペーパーがなくなったり、社員が突然辞めちゃったりと、それまで経験したことのないいろんなことに驚いていましたよね。

美佐　出向してすぐはカルチャーショックの連続でした。でも、あの時期を乗り越えられたんだから、今は何があっても耐えられると思います（笑）。やっぱり、いろんな経験を積ませてくれた会社には感謝しているんですよね。ここ数年の急激な改革で、いいところがそぎ落とされてしまった気がしますが。

紫乃ママ　美佐さんが会社に感謝と愛を持っていても、会社は「もうかりゃいい」な感じにまい進中と。

美佐　最近、ある企業の社長が「会社へのロイヤリティーなんか必要ない」と話していた記事を見て。私ももう古い人間なんだな、会社への忠誠心を持たない価値観に変えないといけないのかなって思いました。

辞めた会社のことはいい思い出に

紫乃ママ　まだ会社を辞めていない人みたいな発言（笑）。でも、ギリ会社が好きなうちに辞められたのはよかったね。スナックには「会社を辞め損ねた」って言っている50代が何人も来ます。それは不幸だもの。それに、**辞めた会社のことは憎むんじゃなくて、いい思い出にしておきたいじゃないですか。昔の彼氏と一**

緒で。

美佐　昔の彼氏、いいですね（笑）。分かります。サステナビリティを軸にしようと思って勉強はずっと続けていたし、緩やかなネットワークもつくっていましたけど、本当にいいタイミングで辞められました。今の団体へのお誘いは渡りに船。**辞めるときにほぼ全員から「おめでとう」って言われました。**

紫乃ママ　すごく理想的な辞め方だわ。コソコソ辞める人も多いなかで、後ろめたいものがない。自分の名声のためじゃなくて、「この会社に必要なもの」を考えて、新規事業としてやり遂げてから辞めるのが素晴らしいなと。次への準備をしっかりしてきたから、いい流れに乗ることができたんですよね。

「仕事を私物化してはいけない」と思った

美佐　実はもう1つ、仕事を私物化しちゃいけないんだろうなとも思って。最後は自分が立ち上げた組織にいたんですが、定年延長して65歳までいたらずっとやるでしょうから。どこかで区切って次に渡すことも大事だろうなと。

紫乃ママ　しがみついちゃう人も多いなかで、美佐さんは基本、利他の人よね。そういう**利他的な行動を続けていると、いい話が巡って来る**んだねえ。頑張って徳を積んでいる人には、神様が手を差し伸べるんだと思う。

大変なことも多かったと思うけど、無駄な経験なんて1つもないわよ。そもそも、当時女性では少なかった子会社への出向を経験して、ましてやその会社が買われちゃうなんてレア体験過ぎでしょ。経験したかったかどうかは置いておいて（笑）。いや本当、経験マニアの私としてはうらやましい。すべての出来事がここに至る道だったのよね。新しいステージでも愛と利他の精神で徳を積みまくってね。

After Session 1

ハッピーエンドではなく、「ハッピーネクスト」

スナックひきだしに来るお客さんで「会社を辞めそびれた」って言う人、意外と多いのよね。50代になると、定年より前に辞めようと思ったり、会社が早期退職を募集して心が揺れたりすることもあるでしょ。そのたびに「どうしよう……」って思い悩んでいるうちに、波が過ぎ去っていくの。**後で振り返ると、「あ、あのとき辞めそびれたな」って気づく**みたい。美佐さんの場合は、自分のタイミングでスパッと辞められた。それは、本業はもちろん、それ以外でもコツコツと積み上げてきたものがあったからだと思う。気持ちも行動も、10年ぐらい前から準備してきたことが功を奏したのよね。ずっと息苦しい大企業で転職もせずにやってきたんだから、そういう意味ではまさに「中高年の星」。ハッピーエンドじゃなく、「ハッピーネクスト」よね。安っぽい歌謡曲のタイトルみたいだけど（笑）。まあ、会社を辞めてもキャリアは続いていくからね。

会社に「雑に扱われた」ときは「見直し」のチャンス

「辞めた会社は別れた彼氏と同じ」っていつも言っているけど、会社にドロドロした感情を抱く前に、好きな状態のままで辞められたから、**今でも「辞めた会社には感謝してる」って言えるのよね。**辞めた会社のことを悪く言う人もいるけど、会社からもらったものはすごくいっぱいあるはず。「人、物、金」じゃないけど、その会社にいなければ得られなかった人間関係やスキル、経験、そして貯蓄も。まず、それをちゃんと整理しないと。うらみや憎しみだけでは次に進めないよね。

美佐さんは30代前半で管理職試験に落ちて会社から〝雑に扱われる〟経験が

あったからこそ、会社に依存しない働き方を見つけられたんだと思う。しかも、それが割と若いタイミングで来て**「会社が好きだけど、会社と距離を置いた」のがすごくよかった。**大企業にいるとはしごを外されたり、階段から落とされたりするかもしれないけど、そういうときこそ、会社との距離を見直すチャンスよね。

ずっと会社に対して一途なままでいると、「あなたを僕（会社）の一番にしてあげる」なんて、甘い言葉に耽溺《たんでき》して、自分の時間をどんどん会社につぎ込んじゃう。会社にいれば給料はもらえるけど、時間は奪われるでしょ。いくら貢いでも、**会社は決して「あなたが一番だよ」とは言ってくれない**もの。その洗脳から30代で脱したのは大きいと思う。

そこでやけくそになって会社を辞めたり、**「被害妄想倶楽部」**に入って周りに負

被害妄想倶楽部…仕事や会社に対する不満を抱えて「何で私だけ……」ともんもんとする人たちのこと。真面目で責任感が強い女性に多い。

のオーラをまき散らしたりせずに、**会社への愛を持ちながら節度のある付き合い方に変えられたのが、次のキャリアにスムーズに移行できた勝因よね。**

会社での「どん底」経験こそ価値がある

転職が成功したもう1つの要因は、30代で出向という名の越境をして、彼女なりの「どん底」を味わったこと。出向先では、カルチャーショックの連続だったかもしれないけど、本社とは全く違う環境で仕事できた。大きな学びですよ。渦中にいるときは不安はあったかもしれないけど、つらかった経験はある意味で財産ですよね。**順風満帆な会社人生より、事業を閉じた経験やリストラで人員整理をした経験のほうが、転職するとき「価値」が高い。そういう経験を持つ人のほうが少ないんだから。**黒歴史なんかじゃないですよ。

会社っていう安全地帯にいるわけだから、越境で少々のどん底を経験しても、自分のプライド以外は何も脅かされないでしょ。会社員は〝逆サブスク〟みたいなもの！　毎月給料が入ってくるんだから、どんどん旅したほうがいい。**大事なのは「自分は今、旅に出ているんだ」とちゃんと俯瞰《ふかん》できるかどうか。**そのときは「つらい、地獄だ」と思ったことが、時間を経て、人生の豊かさにつながなる。美佐さんのケースは、その典型ですよね。

それに彼女が素晴らしいのは、学んだ成果を会社に還元したところ。新規事業を立ち上げた後、手柄を独り占めすることもなく、後につなげるように行動した。だいたいの人は、不遇な時代を経て新規事業の立ち上げに成功したら、「誰にも渡したくない」って囲い込むじゃやない。最後のとりでみたいに閉ざして、誰も立ち入れないように情報を独占するケースもあるけど、そこをちゃんと共有していたのは、自分がいつか辞めることを考えていたからだろうし、そのとき迷惑をかけないようにと思っていたから。自分が辞めた後も残る人が困らないように整理していたからこそ、辞めるタイミングが来たときにすぐ決断できた。「立つ鳥後を濁さず」で辞めたから、辞めた後も会社とはいい関係だし、仕事でもつながれているのよね。今の時代のすごくいいロールモデルだと思う。

紫乃ママpoint

会社とは適度な距離でお付き合い
「どん底」な経験にこそ
お宝がある

Session
2

「会社人」から「社会人」に戻ろう

来店客2

企業の執行役員から介護職へ転身した55歳

八田一郎さん（55歳）

1993年、慶応義塾大学を卒業後、博報堂に入社。営業局で25年間、大手クライントを担当。50歳のとき管理部門に異動し、静岡博報堂の執行役員として単身赴任。4年の地方勤務の経験から「静岡愛」が芽生え、2022年に同社を早期退職。今は社会福祉士の資格取得の勉強をしながら、福祉の現場で修業中。ゆくゆくはお世話になった静岡で地域福祉に貢献したいと考えている。

大企業を辞めた2つの理由

紫乃ママ　半年前でしたっけ、私が社会福祉士の資格試験勉強をしていると聞いて来店してくれたんですよね。定年前に天下の博報堂を辞めて社会福祉士を目指すなんて、ほんと物好き。以前来店した男性が「同期の出世情報が載る日経新聞を読むのがつらい」っておっしゃっていたけど、一郎さんは日経新聞を見ても心がザワつかないタイプなんだね。

一郎　いや、やっぱり以前は気にしていました。同年代の出世事情が気になるのは、大企業に勤めるおじさんの乙女心ですよ。でも、そういう気持ちは会社を辞めてなくなりましたけどね。

紫乃ママ　ザ・広告代理店マンがまたどうして社会福祉士に興味を？

一郎　大きな理由が2つあって。**1つは静岡に4年間、単身赴任して「地域」を**

意識したこと。もう1つは55歳手前で、いわゆる「たそがれ研修」を受けたこと。定年までの会社員生活を考えたら、元気なうちに辞めて個人として社会とちゃんと対峙《たいじ》したい。それを、今までとは全く別の分野でやるのも面白いなと。それに、世の中には生きづらさを抱えている人も多いから、何か力になりたいと思ったんです。まあ**50歳を超えて、急に社会貢献したいって思う人は多い**ですよね。

紫乃ママ　えー、なんとまっとう過ぎる理由。今までの罪滅ぼしかしら（笑）。さかのぼりますけど、東京を出たことのない一郎さんが、最初に静岡への異動の話を聞いたときはどう思ったの？

一郎　そのときは「何かやらかしたかな？」って。実は49歳のとき、このまま営業で現場を続けるのは厳しいと思って上司に職種転換の相談をしたら、管理部門に移ってはどうかとアドバイスをもらって「ぜひ！」と答えた数日後にいきなり部長研修を受けろと言われたんです。で、研修を受けた数週間後に静岡の子会社に執行役員として出向の内示が出た。

紫乃ママ　ああ、じゃあ役職はアップして地方に異動になったわけか。でもさ、静岡では完全アウェー、〝外様〟なのに、どうやって地元の人たちと仲良くなったの？

静岡での経験が僕を自由にしてくれた

一郎　僕は食べることが好きなので、地元の人が当たり前過ぎて行かない店やおいしい店をSNSでひたすら褒めて、東京に向けて発信しました。それが「地域おこし」になって盛り上がるのを初めて体験して。東京で大企業を相手に営業しているときは、全くなかった感覚です。

紫乃ママ　へぇ、その手があったたか。肌触りを感じたんですね。それで地域の人に感謝されて、つながりができたのね。意外に自分の住んでいる場所の良さって自分では気づけないものね。

一郎　静岡で知り合う人たちはみんな、いわゆる地域の社会課題にきちんと向き合っていた。どんどん静岡に愛着がわきました。でも、出向の任期は5年。このまま博報堂にしがみついていたら、静岡には居続けられません。であれば、会社を辞めて、東京で社会に貢献できる国家資格的なものを取得して、いずれは静岡に戻ろうと思ったんです。静岡での体験が僕を自由にしてくれました。

紫乃ママ　そうきたか！　なかなかできない発想だよね。しかもそれが中小企業診断士とかじゃなくて、社会福祉士って！　その飛躍がすごい。

2つの専門分野は離れているほどいい

一郎　大学時代にお世話になった教授が、「**人は2つの専門を持つといい、さらにその専門分野が離れているほどいい**」と言っていたんですよね。60〜70代まで現役で働き続けるために、正反対であると同時に地続きでもあることをしたい。一生に一度の大転換。自分には社会福祉士がフィットしたんです。社会福祉士って面白い資格で、誰かに雇われるとあまり有効じゃない。

紫乃ママ　そう、私も実際に資格を持っている人に、資格がある・なしで時給の差は50円くらいしかないって聞いた。でも合格率は3割。意外に難関なのよね。

一郎　まだ資格の役割が明確じゃないから伸びしろもあるし、需要もある。社会福祉士の役割は、社会の課題を解決するアクションを起こすこと。であれば、博報堂時代に培ったスキルも生かして、静岡で面白いことができるはずだと思って。

65歳以降も年収300万円稼ぐための準備

紫乃ママ　でもさぁ、家族には反対されたでしょう？　子どもの教育費や老後資金のこともあるだろうし。

一郎　妻は介護福祉士の資格を持っていて、亡くなった義母も地域の民生児童委員で地元の地区会長だった。そういう環境もあったので、僕が相談したら、あっさりOKでした。

紫乃ママ　よく聞く妻ブロックじゃなくて妻トスだった！

一郎　早期割り増し退職金で家のローンもクリアにできましたし、子どもの留学費用も出せた。**たしかに年収は減りますけど、それより65歳以降も年収300万円稼ぐために今から準備すべきことを考えて。**

紫乃ママ　なるほど。65歳以降、年収300万円と。将来どんなふうに働きたいか、暮らしたいかっていうことが明確なんですね。資格を取ってから会社を辞める人はいるけど、辞めて完全リセットするって珍しいパターンよね。会社の元同僚はどういう反応だった？

一郎　**みんな目が点ですよ（笑）。「なんで福祉？」って。**でも早期退職に応募する前から社会福祉士の資格取得のための学校に入学申し込みをしてあったんです。

退職を決めたのは、たまたま早期退職の募集があったから。偶然ですが、何かに引き寄せられた。だから笑っちゃうくらい悩まなかった。今は、資格取得後に役に立ちそうな福祉の現場でアルバイトをしています。

紫乃ママ　ちょうど流れが来たからスッと乗ったんですね。福祉の現場ではどんなアルバイトをしているの？

一郎　最初は学童保育施設で、その次は障害者の就労移行支援事業所。そこには立ち上げから参加しました。でも、現場のマネジメントには疑問を感じましたね。「利用者のために」っていう魔法の言葉で思考停止になってしまうんです。

この1年ですごく勉強させていただきました。今は地元で資格取得までのモラトリアム期間を自由に活動しています。

トイレ掃除…「なんで俺が」と思ったらできない

紫乃ママ　大人のインターンシップだ。その柔軟性がすごいですよね。この世代になってくると謙虚に学ぶことって、なかなか難しい。ましてや元博報堂のエリート役員がね。

一郎　プライドが邪魔をするって人も多いですよね。学童の現場では、それこそ子どものオシッコがこぼれたトイレの床を雑巾とかで拭いたりしなきゃいけない。「なんで俺が」と思ったら絶対にできない。**謙虚じゃなくちゃいかんと自分に強く言い聞かせています。**

紫乃ママ　うんうん、かつての執行役員が、今はオシッコを拭いていると。あ、ごめん、流してもらうとこだから。トイレネタだしね。**昔の肩書にしがみつかないのって、簡単なようで難しい。**すごく大人だなと思います。でも、社会福祉士の受験勉強ってちょっと楽しいよね。このくらいの年齢になると、「先が見えない」とかってみんな言うけど、とりあえず私たちは1年後に試験を受けることは見えているし、そこを目指して頑張れる。

一郎　それに一緒に学ぶ仲間がいるっていいですよね。

紫乃ママ　そうなの。励みになってる。私は、福祉の領域へのやじ馬根性みたいなカジュアルな感じで勉強しているのが本音。でもやじ馬だからできることもあると思ってる。一郎さんが言うように、福祉の世界を知らないからこそ、別の世界で培ってきたものを持ち込むこともできる。領域の中にずっといる人を外とつなぐこともできるし、人を引っ張り込むこともできる。私たちはある意味、素人だから、空気を読まずにできることがありそうですよね。

分からないことに耐える「知的体力」が大事

一郎　ポッドキャスト番組「COTEN RADIO（コテンラジオ）」で深井龍

之介さんが「分からなくても価値がある」「現代人は分からなさに耐える知的体力を必要とされている時代に生きていると思う」と言っていて。人間って答えが見えないと不安ですけど、その状態に耐えられる「知的体力」を持つことが大事なんだな、と。その考えに照らすと、**僕はこれまで社会人としても、家庭人としても結論を急いでいた。**

紫乃ママ　なるほど、どんな結論に向かっていたの？

一郎　もめている状況をちゃんと見つめることが大事なのに、安易に答えを出して終わらせようという姿勢がよくなかった。**答えが出ないのは当たり前だし、答えを求めて考え続けることが大事。**そんな心持ちでいたら、ずいぶん楽になりました。

紫乃ママ　30年近く企業人として「急げ、急げ」って言われて第一線を走ってきた人がその思いに至るってすてきなことですよ。だって会社って誰かの問題解決をしてお金を稼ぐっていう「箱」じゃないですか。そこから卒業して、見直すなんて。本当に人生の新しい旅が始まったんですね。

一郎　いざ辞めるとなったときに、こんなにも自分が悩まなかったのが驚きです。

紫乃ママ　人生って時々偶然を重ねた流れみたいなものが波のように来ますよね。それをキャッチできる自分でいられるか。「これかも」っていうのは自分しか分からない。その感受性が本当に大事だなっていうのが、今日の一郎さんの話を聞いていて分かりました。**いろんな偶然が自分の中でつながっていく。そのためには常に自分を開いておくことが大事ですよね。**

After Session 2

心の柔軟性を取り戻すために

博報堂を辞めた一郎さんは「以前と顔つきが変わった」っていろんな人に言われるみたいね。後日談ですが、彼は社会福祉士の資格試験に見事に合格して、ある地域の地域包括支援センターで仕事を始めたの。広告会社と福祉の現場はカルチャーが違い過ぎて驚きの連続みたいだけどね。介護についてのネガティブな原体験があるわけではなく、自然に流れていったのもすてきだなと思うし、チャレンジに気負いがないのもいい。

異なる場にいる人との関わりで変わるもの

彼の転身が成功しているのは、きっと地方赴任した経験があるからよね。静岡県に行ったことで新しい価値感を見つけられた。地域での人の距離の近さとか、会社を通して社会に貢献することとか。彼のキャリアそのものを変える気づきになった大転換よね。顔が見える距離の地域の人たちのために自分が直接貢献したいって思えたことは、本当にすごいこと。高いハードルを飛び越える勇気と心の柔軟性を感じます。年収だって1000万円以上は稼いでいたであろうに、**65歳以降は年収300万円あればいいって早めに割り切ったのはなかなかできることじゃない。**報酬はお金だけじゃないと言ってもね。

心の柔軟性を高める経験は、やっぱり地方で人と関わるなかで積めたんでしょうね。いろいろな場に越境して多様な人と交われば交わるほど、気づきは増える。会社って1つの大きな村だから、同じような村人が多いし、どうしても同質化していく。でも世の中には本当にいろいろな村があり、いろいろな村人たちがいる。

多様な人に触れることで、異なるものの見方を知れるし、自分の持っている力に改めて気づくこともできる。**50代の人から「社会貢献がしたい」って、よく聞くけど、そう思い始められた人は勝ちだなって思う。**きれいごとじゃなくてね。自分に正直になった結果だったら、周りが何を言おうが、「自分がやりたい」「自分が生かされたい」って貫けますよ。

足を引っ張る人たちとは距離を置くのも大事

変わることが難しい時代に、変わろうという思いを貫くのは本当にパワーがいること。気持ちを強く持ち続けるには、周りの力も必要。だって博報堂の同僚からは、「なんで辞めるのか意味が分からない」って言われていたわけだから、ずっとその環境にいたら心が折れちゃいますよね。それより、「すごいっすね」「一緒に勉強しましょう」っていう人たちが近くにいれば、自分のやりたいことはおかしなことではないんだって思える。近い感覚を持った人たちが集まるコミュニティーを持つことも大事だったと思う。

やっぱり基本的には、「変われる人」を誰もがうらやましいと思っていますよね。でも、ほとんどの人は変わるのは大変だから自分で枠を勝手につくって、変われない理由を見つけにいく。一郎さんみたいに大胆な転身をした人に羨望の気持ちがあるのよね。

会社という小さな箱の中から飛び出そう

大企業から出て同業種、同職種で転職するのではなく、全く違う福祉の領域に行くっていうのも新しいスタイルですよね。私がよくミドル世代向けのセミナーで話すのは、**「会社人から社会人へ戻ろう」**ってこと。私たちは社会に出て、会社という機能を通して社会とつながっているはずなのに、知らず知らずのうちに、会社っていう小さな箱に閉じこもってしまう。そこからまた社会に戻っていこうって、いつも言ってるの。一郎さんは、そのいい例ですよね。日本ってどうしても会社が中心になってしまうけど、私たちは組織人である前に本来市民であり、家庭人であり、地域人でもある。会社に長くいた人はそこで培ったものがたくさんあるはずだから、それをいい年したら今度は社会に還元したほうがいい。その果実はきっと自分にもまた戻ってくる。1つの会社の中だけにとどめておくのって、もったいない。

紫乃ママpoint

「越境」で見えるものがある会社で培ったものを社会に還元しよう

Session 3

「会社員人生のゴール」が見えたとき

来店客3

「今の会社ではやり切った」新たなステージへ進む56歳

近藤加奈さん（仮名、56歳）

大学卒業後、外資系食品メーカーに総合職として勤務。結婚後に20代後半で退社し、関西から関東へ転居。専業主婦期間に自分を見失いそうになって勉強を始め、NGO活動に参加。29歳で外資系メーカーに正社員として再就職。出産を挟んで退社し、3カ月の無職期間を経て大手自動車メーカーに再就職。管理職になるも56歳で退社。大企業を離れてセカンドキャリアを歩み始めた。

結婚して自分の人生から「私」がいなくなった

紫乃ママ　あら、いらっしゃい。加奈さんとは講演とかで何度かお会いしていますよね。あのときは大手自動車メーカーにお勤めって聞いたけど、そう、会社辞めたんだ。まだ定年じゃないし、早期退職制度を使って辞めたの？

加奈　いえ、そういうわけではなくて。実はずっと、会社員でいることは私の人生の本意じゃないと思っていたんです。やっと退社するその時期が来た、と。

紫乃ママ　ああ、神様からのお知らせが来たってやつね（笑）。あるある。もともと加奈さんは大学を卒業してからどんなお仕事をされていたの？

加奈　最初は外資系の食品会社で働いていました。ずっと働くつもりではいたんですが、3年目に結婚して、夫の勤務地に引っ越すために辞めました。引っ越し先で次の仕事を探せばいいやと思っていたんですが……正社員の仕事が全く見つからなくて。かなりの田舎でしたし、今みたいにインターネットも普及していない時代。しばらくは専業主婦でしたが、悶々《もんもん》としていましたね。なんでこうなっちゃったんだろうと。**そこで自分自身を見失いました。**

紫乃ママ「なんでこうなっちゃったんだろう」ってどういう意味？

加奈　仕事を辞めてからは何をするのも夫の名前で、自分の人生じゃなくなったと思ったんです。通帳を持って銀行の窓口に行っても、夫の名前で書類を書いて夫の名前で呼ばれて返事をする。実家の母から届いた宅配便の伝票に書いてあるのは、送り主は父の名前、届け先は夫の名前。一番ショックだったのは、**就職活動のために書類を書こうとしたときに、自分の名前の代わりに間違えて夫の名前を書きそうになってしまって。**あれ、世の中から私という存在はいなくなっちゃったんだなって。

紫乃ママ　まさに自分を見失うっていう言葉通りの状況になっちゃったわけね。

加奈　それで女性の生き方について勉強しようと、新聞で見つけた女性差別撤廃条約のシンポジウムに参加したんです。私は雇用機会均等法世代なのに、均等法ができたことも当事者としては意識していなかった。すぐに条約に関わるNGOに入会して、勉強しながら活動することにしました。それが当時の自分の支えになったし、今も支えになっています。

紫乃ママ　そっかあ。疑問から出発した活動が心の支えになったのね。でも、自分の名前が書けなくなるような状況から、実際にどうやって抜け出したの？

都心で正社員として働くため、社宅を脱出

加奈　最初は地元の会社で地域限定社員として働いたんですけど、女性は補助的な仕事しかさせてもらえなかった。当時住んでいた社宅を出て、ちゃんと働ける仕事を都心で探すしかないと思ったんです。それで夫の職場と、自分が見つけた都内の職場の中間地点に引っ越しました。

紫乃ママ　すごい行動力！　でも旦那さんはOKだったの？　職場の隣に社宅があるのに出ていくなんてありえないって話になりそうじゃないですか。

加奈　それはOKしてくれたんです。私に家で悶々とされているのも嫌だったんでしょうね。29歳で都内の外資系メーカーに正社員として勤めて、たまたま物流の在庫管理を改善するプロジェクトに入ったら楽しくて。やりがいはありましたし、管理職にもなりましたけど、かなりのハードワークでした。結局、出産して産休が明けて1年後くらいに辞めました。

紫乃ママ　仕事を再開して、今までのモヤモヤは解消されてよかったじゃないですか。次の仕事を決めてから辞めたんですか？

加奈　前職を限界までやっていたので、働きながら転職活動する余裕はなくて。いったん無職になりましたが、ちょうどある大手の自動車会社が大量に中途採用を始めたときで、いいタイミングが巡ってきて、3カ月後に再就職できました。

紫乃ママ　そうだったんだ。次の勤務先が決まって、めでたしめでたし、のようだけど。最初に言っていた「会社員は私の人生の本意じゃない」っていう思いは、いつから持っていたの？　ここまでの話だと、戦略的ではないにせよ外資のメーカーから自動車会社に転職して、働くことが生きがいのように聞こえるけど。

仕事を楽しむことが人生の目的だと思っていなかった

加奈　**働くことは最大限に楽しんでいましたけど、それが人生の目的だとは思っていなかったんですよね。**やりたいのはNGO活動のほうで、会社には言わずに28年間、続けてきました。有給休暇を取ってニューヨークの国連本部に行くこともありました。自分の軸は女性差別撤廃のNGO活動にあったんです。

紫乃ママ　なるほど。まさにNGOがご自身のライフワークなんですね。そのフィールドワークのためにライスワークを使っていたって感じか。辞める前はどういうお仕事だったの？

加奈　工場の人事総務部長でした。辞める2年前にこれまでとは全く畑違いの工場に異動になったんですが、本当に男性社会で、課題だらけ。それまでは物流のグローバルな戦略に関わる仕事をしていたけど、**そのラインから外れたなという気持ちでした。**他にどんな道があるか確認したくて1年くらい転職活動もしたけど、違う会社で部長や役員になって65歳まで働くのは違うな、と思って。

走って転んでつまずいてきた人生だったのに…

紫乃ママ　とはいえ女性では出世頭じゃないですか。会社に女性の部長は何人くらいいたの？

加奈　生産部門では50人中2人です。もう1人はエンジニアでした。工場の中では、常に「部長」という役職で呼ばれ、雲の上の人のような扱いでした。すべてが管理統制された環境で、工場の中は走るな、転ぶな、つまずくなって。私はずっと走って転んでつまずいてきた人生だったから全然合わなくて。もっと部下たちと議論してから物事を進めたかったけど、「はっきり指示してください」と言われてしまう。**みんなで一緒に解決方法を探るっていう考え方ではないんですよね。**

それにコロナ禍が落ち着くと、飲み会がだんだん増えてきて。「欠席します」とメールすると、「人事総務部長が飲み会を欠席するなんてありえない」って返ってきて。

紫乃ママ　「ありえない」って！　たかが飲み会ぐらいで？

部長の前にお酌の列ができる？　「昭和」にタイムスリップ

加奈　飲み会ではボーイズトークじゃないですけど、女性が話に入れないようなことで盛り上がるんですよね。１人が私に気を使って、夫のことを聞いてきたので「離婚して夫はいないんです」って言ったら、場が凍りつきました。やっぱりここは私の居場所じゃないと思いました。しかも、各部長の前に列をつくって、次々とお酒をつぐ宿泊イベントも今後控えているという話を聞いて、恐ろしくなりました。

紫乃ママ　時代は令和に突入しているのに、まだ昭和の世界があったとは！　それが当たり前になっているんですね。

加奈　タイムスリップしたような昭和の日本でした。世の中、女性の活躍とか、ダイバーシティとか言われていますが、まだまだ行き渡っていないですよ。コロナ禍が一段落して、飲み会ができるようになったら、男性社会の結束がより強くなった気がします。ある会議で役員が発言した「3年ぶりに全工場長が集まって、おやじの会話ができた」というような言葉が、社内資料の冒頭に書かれていて驚きました。

紫乃ママ　むしろ意図的に冒頭に入れたんでしょうね。それが結束力を高めるための共感ポイントだったんだ、きっと。**よく女性活躍を掲げても女性がついてこないっていうけど、そんな環境で自分の大切な時間を使うのがばからしくなっち**

ゃう。変えていったほうがいいし、変わるべきだと思うけど、時間がかかりますよね。

加奈　20年、30年かければ変わっていくと思うけど、私にはこの会社で使うそんな時間はもうないと思って。**子どもも大学をもうすぐ卒業ですし、自分の中でもう会社員人生は卒業かなって思ったんです。**

紫乃ママ　いろんな働く現場を見てきたからこそ、NGOの活動をしても机上の空論じゃなく、実践的に進められるんでしょうね。課題になる具体的なネタをたくさん持っている加奈さんはNGOの中でも貴重な人材だと思いますよ。お子さんも手が離れて、自分の好きなことができるなんて最高ね。

退職を告げると「辞めるなんて無責任だ」

加奈　私はめちゃくちゃハッピーですけど、辞めるって言った後の周りの反応は逆で「いったい、何があった？」って驚かれました。みんな60歳で定年退職を迎えて65歳まで再雇用が当たり前。それ以外の選択肢を想定していないんですよね。それに人事総務部長が年度の途中で辞めるなんて、無責任だ、非常識だって。

紫乃ママ　会社の決めた定年まで働かなきゃいけないと思い込んでいるのって、すごく日本的。そう思わせる会社の仕組みも逆にすごい。もはや洗脳だね。

いろいろ葛藤したと思うけど、加奈さんが自分で決断したことは素晴らしいと思う。しかも、やり切ったって言えているなんてすてきですよ。**自分が会社にいる意味を分かっていないと、自分で区切りがつけられないもの。**

加奈　あと20年は働けるので、もうひと仕事できるのかなって思っています。今まではＮＧＯも会社も、「組織の中の役割」を果たしていたけど、個人として動くのは全く違う経験です。辞めてからのほうが忙しい。

紫乃ママ　大企業に長く勤められたのは、仕事以外にも自己実現できる場があったからでしょうし、それは素晴らしい経験ですよ。でも、**自分に合わなくなったら、立ち止まってみたり、場所を変えたりすることが必要だと思う。**女性も男性もそれが当たり前にできるように、世の中を変えていかなきゃいけないですよね。

After Session 3

「やり切った」と「先が見えた」はセット

加奈さんも「今だ!」というタイミングを自分で見極めて辞めた人。神様からのお知らせが届いたタイプ。会社員人生をきっぱりと卒業して次に行く、静かな情熱があるのよね。気になる場にはつながりを求めて足を運ぶ積極性があるし、「自分がどうなりたいか、どう生きたいか」をしっかり考えていた方でした。

そもそも「もうやり切った」と思えるまで仕事ができたのはすごいことよね。加奈さんには本当に会社に対する未練がなかった。やり切ったってことは、「先が見えた」ってこととセットだと思う。つまり、会社人生のゴールが見えたっていうこと。**ゴールが見えているはずなのに、目をそらして見ようとしない人も多い。**自分が望むイメージとは違っても、このまま辞めずに行ける所まで行くっていう人もいるけど、彼女の場合は、「先が見えてしまったから、もう別の場所にちょっとでも早く行こう」と決断したのよね。

「肩書」で呼ばれることへの違和感を持つ

彼女が熱い思いを持っているのは、過去に自分が専業主婦になって夫の姓で呼ばれるという、「自分を失った」と感じた経験をしたからでしょうね。それで社宅を脱出して働き始めて、自分の足で走ってようやく力を発揮できる場所にたどり着いたら、今度は役職で呼ばれるようになった。最後は「部長」っていう役職名で呼ばれる世界だったわけよね。頑張って役職が上がれば上がるほど、**自分のキャリアと関係がないポジションの調整のような異動をさせられて、また「個」が消されてしまった。**それが窮屈だったんだと思う。そこに違和感を覚えたから、

「ここは私の居場所じゃない」っていう思いが積もっていったんじゃないかな。

上司に辞めると告げたら、「辞めるなんて無責任だ」と言われたのも、まさに**会社がその人を役職でしか見ていなかった**ってこと。彼女の人生を尊重するわけではなく、会社目線でしょ。それも「もういい」と思った要因の1つだと思う。会社に愛想をつかしたのよね。会社のカルチャーは長くいてもそれほど変わらないから、**「ここはもう自分の居場所ではない」って、ちゃんと見限れた。**

仕事は1つの拠り所だし、過去に専業主婦になって「個」を奪われた経験もしているから、ある期間は会社で働くという軸が必要だったけど、その時期が終わったってことだと思う。会社に愛想をつかしても、肩書だけ利用するみたいな器用な人もいるけど、それは彼女の性に合わなかったんでしょうね。

転職は決めていなくても、「次の居場所」はある

「実はずっと、会社員でいることは私の人生の本意じゃないと思っていた」っていうのも、本業以外の活動を続けてきた背景があっての言葉。地域の活動やNGOの活動など、自分らしさを感じられることをパラレルでやっていた。**そこでのいろんな人たちとの出会いや経験があったから、会社以外の場所に自分の生きる道を見つけることができたん**だと思う。誰もが知るような大企業に勤めていたのに、会社に深い思い入れがないのは、転職を経験していたってこともあるだろうけど、**サードプレイスがしっかり機能していた**から。会社との距離をある種クールに取ることができていたのよね。

次のキャリアを決めずに辞めたのも勇気ある行動だけど、彼女の場合は転職や独立を明確に決めていなくても、なんとなく次の居場所があった。NGOでの活動に力を入れるのは、それで稼ぐというより、自分らしくいたいってことよね。ずっと人生のテーマとしてやってきていることがあるから、思い切ってシフトで

きる。蓄えがあって、食べていくのに困らないかどうかが自分で整理できているなら、NGO活動に専念するのもありよね。そういう意味では「自分らしくいたい」女性にとって、加奈さんの辞め方も理想形だなっていう気がしますね。

紫乃ママpoint

**「自分らしくいられる」場所がある人は強い
サードプレイスをつくろう**

PART 2

40代の葛藤
「会社を辞めた」
その先に…

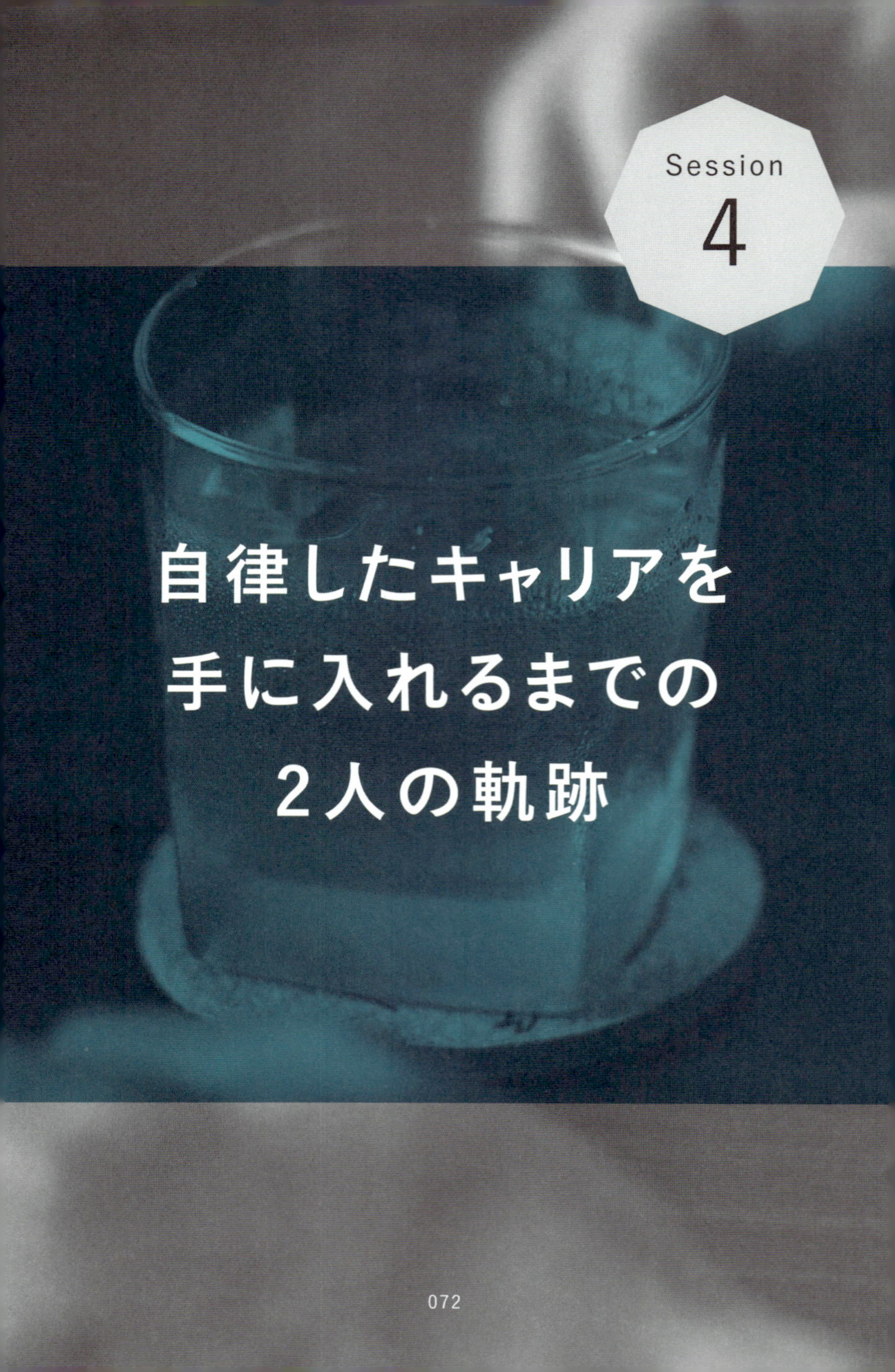

Session 4

自律したキャリアを手に入れるまでの2人の軌跡

来店客 4

メガバンクの出世コースを40代で降りた2人

堤太一さん（仮名、50歳）

大学卒業後にメガバンクに入社。出世レースでは同期のトップを走り続け、40代後半で副部長に。絵に描いたような仕事人間だったが、50歳を前に銀行と自分自身の人生の「その先」に不安を感じて転職活動を開始。50社以上にエントリーシートで落とされるなどの辛酸をなめたが、プロボノ、社会人大学卒業を経て48歳でベンチャー企業の人事部長に転職。

小堺正人さん（仮名、40歳）

大学卒業後にメガバンクに入社。順調にキャリアを積み重ねてきたものの、転勤が多く、看護師の妻と小学生の子どもに負担をかけながら働き続けることに疑問を感じて40歳で転職を決意。転職エージェントを介さず、人材サービス企業の未経験職種に転職したばかり。転職後は在宅勤務になり、パラレルキャリアを実践。仕事をセーブしていた妻がフルで働き始めるなど、人生が激変。

「年収は1500万円以上」に担当者が苦笑い

紫乃ママ　いらっしゃい。太一さん、お久しぶりね。転職したんでしょ、その後どうしてたの？

太一　それがね、ママ、めちゃくちゃ充実してるのよ。今日は僕と同じ銀行を辞めた転職仲間を連れてきたんだ。

紫乃ママ　あら、正人さんも！　何年ぶり？

正人　2年ぶりですよね？　僕も結局、この春に銀行を辞めたんですよ。2年前、もやもやしているときに、紫乃ママから堤さんを紹介してもらったんですよね。堤さんにはそれから何かと相談に乗ってもらいました。

紫乃ママ　同じ銀行勤務の先輩だから何か参考になるかと思ってね。でも、正人さんも会社辞めたんだ。正人さんは若いし、さすがにまだ辞めないだろうと思っていたけどね〜。太一さんは転職活動で意外に苦労していたわよね。2年前くらいでしたっけ？

太一　そう、俺は48歳のとき。**エージェントに登録して50社以上エントリーしたけど、ほとんど落ちてへこんでいました。**

紫乃ママ　私、そのとき堤さんに「銀行員は世間知らずだね」って言っちゃったのよね。すごく知性派だけど、世の中の人がどれくらい給料もらっているかとか全く知らなかった。

太一　転職エージェントに紹介されたあるベンチャー企業の面談で**開口一番「年収は1500万円以上ないと困るんです」って言ったら、「はは、堤さん。うちは社長もそんなに給料もらってないです」って苦笑いされた。**その挙げ句にエージェントからは「今の状態なら、銀行を辞めなくてもいいんじゃないですか」って言われるしね。

紫乃ママ　そうね。あのときさ、50社落ち続けて「生まれてきてすみません」ばりにへこんでいたし、銀行をすぐに辞めなくちゃいけない状況でもなかったから、**「社会勉強したら?」ってことで、社会人大学のビジネススクールに行くとか、プロボノをすることを勧めたのよね。**

太一　紫乃ママに聞いてすぐ、その2つは実行しました。意外に素直なんですよ(笑)。おかげでいろいろな会社の人とのネットワークができて、銀行以外の世界を知ることができた。プロボノではコピーライターやコンサル、SEの人たちと一緒にNPOのプロジェクトを手伝ったけど、やってみて**初めて、自分の視野がいかに狭かったかを痛感したよ。**

紫乃ママ　随分と選択肢が広がりましたよね?　でもやっぱり転職した今のベンチャーも、最初は希望より年収がだいぶ低いって、行くかどうかを迷っていたよね。

給料は、もらうものじゃなくて「稼ぐ」もの

太一　そう。でも、紫乃ママに「ベンチャーに行くんだったら、給料は〝もらうもの〟じゃなくて、自分で〝稼ぐもの〟って考えないと」って言われたんだよね。人事の仕事がやりたいなら稼げる人材を採用して育て、それで会社を大きくしていけばいい。そうすれば、自分の給料も上がるでしょって。それまでは、**名前も知らない会社だし、年収も条件に合わないなと思っていたけど、事業の面白さや会社の自由度に目を向けたら「ここに行きたい」と思えるようになった。**

社長からも、「うちはあなたの前職みたいにたくさん給料は出せないけど、一からいろいろとつくっていける。働いている人が幸せになれる会社にしたいので、人事を手伝ってほしい」って言われたんだよね。「このポストは、この会社のこれからの成長に欠かせない最も重要なポストなんだ」って。他の求人を見ても、ここまで期待されているポストはないと思った。それで転職を決断したんだよね。

紫乃ママ　いやいや、太一さんが知らなかっただけで、その業界では有名な会社ですけどね（笑）。それも世間知らずかもよ。世の中大企業だけじゃないんだから。でも、そもそも太一さんが銀行を辞めようと思った理由はなんだったの？

「俺はこのままでいいのか」と48歳で考えた

太一　銀行は2、3年に一度は転勤があるんだよね。転勤によって会社がキャリアを積み上げていくという考え方。自分の希望ではなく、会社が本人の能力や転勤先での役割期待などを見て決める、**つまりキャリアはすべて会社がつくるんで**す。選抜されると、どんどん昇給していって、同期入社でも昇給率には大きな差が出る。俺は**順調に選抜されて上がってきたと思ってうぬぼれていたけど、「これまでも、これからも、キャリアの選択権は自分にはない」ってことに気づいてハッとしたんだ**よね。

人事部にいたからよく分かるけど、銀行員は50歳を過ぎると出向する場合が多く、出向先も自分の希望通りになるとは限らないし、残ったとしてもある年齢で一律にガクンと給料が下がる。だから48歳になったとき、「俺はこのままでいいのか。自分のこれからのキャリアも会社に預けたままでいいのか」って、悩み始めたんだよね。**自分は何がしたいのか、ちゃんと考えてみようと思った。**

紫乃ママ　私から見ると、銀行はかなりドライ。大きな仕組みの中で社員を部品のように考えている気がするの。そこは徹底しているわよね。

太一　人事の立場で、僕自身がそうした人事のシステムを社員に説明しながら、同時に「じゃあ、自分はどうだろう」って自問自答するようになった。相当考えました。このまま会社任せでいいのか、自分の人生、自分が主導権を持つべきじゃないかって。そして決心したんです。自分のキャリアなんだから、自分が主導権を持って歩もうって。でも、**そのときは「自分なら転職しても結構な年収がもらえるはず」ってずいぶん勘違いしていたけどね**（笑）。

正人　実は、僕も5年くらいずっともやもやしていたんですよね。

40歳のエリート行員が辞めようと思った理由

紫乃ママ　正人さんはまだ若かったのにずっと悩んでいたものね。それで先に銀行を辞めた太一さんを紹介したのよ。太一さん、社内でもそこそこ偉い人だったし。

正人　初めて堤さんとお会いしたとき、6時間は飲みましたよね。堤さんがなぜ銀行を辞めたのかと、このまま銀行にい続けたら、この先のキャリアに何が起きるかをじっくり教えてもらいました。**銀行員ならみんなが50歳間近で聞くようなこれからのキャリアの話を、40歳目前にして居酒屋で話してもらいました。**説明を書いてくれた紙ナプキンにサインしてもらって大事に持って帰った（笑）。

紫乃ママ　**俗に言う「たそがれ研修」で話されるやつね。**出向するとどうなるとか、何歳で給料がいくら下がるとか教えながら「そろそろこれからのこと考えてよね」って促すやつ。

正人　銀行マンの10年後、20年後がものすごくよく分かった。それを聞いて、ますます悩んでいたら、「**お前は世界が狭い。ビジネススクールやプロボノに行ってみろ」と言われたんですよ。**

紫乃ママ　あれ、それどこかで聞いたセリフじゃない？（笑）

太一　バレましたか。自分が紫乃ママに言われて役に立ったことを、そのまま言った。キラーパスですよ。

妻のキャリアが犠牲になっていた…

正人　僕もそれまでのキャリアは順調で、年収も同期に比べて高かったんですよね。**でも、僕のキャリアは、妻のキャリアを犠牲にした上で成り立っていた。それがすごく引っかかっていたんです。**僕に転勤があるので、妻は専門職で仕事にやりがいを感じていてもセーブしなくちゃいけない。妻からすると、給料は高くなくてもいいから、転勤しないで2人で働き続けたほうが家族としてハッピーじゃないかと。

子どもも大きくなると転校は大きな負担です。家族を一番に考えると、この会社にいる意味ってなんだろうなって。僕がものすごくイキイキと働いていれば妻も喜んでくれたかもしれませんが、管理職になってストレスもたまってイライラしていた。**「辞めろ」とは言われないけど、「そこまで生活を犠牲にする必要がある?」って。**

紫乃ママ　それで大学のビジネススクールに行ってプロボノもやったの?

正人　教えてくれた堤さん自身が「自分はこれだけ変われた」という事実があったから、言葉にものすごく説得力があったんです。**僕にも自分を変えられる可能性があるよなって。**それで速攻やってみました。なんたって社内でエリートだったあの堤さんからのアドバイスでしたしね。

紫乃ママ　2人とも実行力がすごい！

今まで会社に自分を合わせてきたけれど…

太一　プロボノではどんなことしたの？

正人　障害のある方をフォローする福祉団体のマーケティングを担当しました。そこで、**思いもよらなかった僕の転職への道が見えてきたんです。**

紫乃ママ　プロボノに参加して、思いもよらなかった転職への道が見えてきたなんてすてき。参加してみてどうだった？

正人　最初、自分は銀行員だからファイナンスに関するアドバイス面で貢献できると思っていたんですが、意外や意外、「小堺さんは威圧感を与えず、相手から話を引き出すのがうまいよね」ってプロボノ仲間に言われて。**自分では気が付か**

なかった強みを教えてもらえました。それともう1つ、いろいろな人の話を聞いて分かったのは、**みんなは「自分が生きやすいように仕事を選んでいた」っていうこと。**

紫乃ママ　えっ、これまでそういう人は周りにいなかったの？

太一　銀行員は基本的につらかろうが苦しかろうが、会社に従う。**会社に合わせていくっていうスタンス**だからね。

紫乃ママ　そういえば、前に小堺さんが私のワークショップに参加したときに、周りの女性から「今まで自分で選ぶってことをしてこなかったの？」って言われて「確かに。仕事については、一切してなかったですね」と自分でショックを受けていたよね。優秀だから、言われたことはたいていできちゃうけど、自分の意思では動いてこなかったのね。

正人　大学時代からそういうタイプの人間でした。求められたらやる。やると

「すごいね」って言ってもらえて満足していた。**でも、「会社に自分を合わせるんじゃなくて、自分のやりたいことに仕事を合わせていくんだ」って聞いて、「そうか！」と。**それで、まずエージェントに登録して転職活動を始めたんです。

紫乃ママ　そうだったんだ。で、転職に成功したと。今はどんな会社にいるの？

正人　どうしても挑戦したくて、企業向けの人材育成とコンサルをしています。

紫乃ママ　ええ！　銀行の法人営業から、これまた今まで全く経験のない業務ね。40歳超えのすごいポテンシャル採用！

正人　だから転職活動は大変でしたよ。まずエージェントに登録しても、紹介される案件がすべて金融系だった。当たり前ですけどね。

紫乃ママ　そりゃそうだ、エージェントはサクッと短期間で決めたいもの。

正人　ですよね。**だから作戦を大きく変えたんです。**

思いを書いた「志望動機書」を企業に直接送った

正人　年収は下がってもいいから、**どうしても人材育成の仕事がしたいと思って。ホームページを見て興味を持った会社に、履歴書と職務経歴書、そして自分の思いをぶつけた志望動機書を書いて直接メールを送ったんです。**転職エージェントには取り合ってもらえなかったので。自分が興味を持てば、求人をしていない企業にも送りました。意外なことに、結構な確率で担当者が会ってくれたんです。

紫乃ママ　おおお！「志望動機書」、聞いたことないけど、素晴らしいガッツね。メガバンクのエリート銀行員っていう絶大な信頼はあるものね。**「会社を自分に合わせさせた」ってわけね。**

正人　金融の知識に加えて、プロボノでの経験で知った自分の強みを熱弁しました。どの会社も2時間くらい話を聞いてくれて。**自分が希望していた職種は未経験だったけど「あなたがどんな仕事がどれくらいできるかは、なんとなく想像できる」って言ってもらえて。**採用したいと言ってくださった会社が何社かあって、最終的には自分の希望や価値観とすり合わせて、一番合うところに転職しました。

紫乃ママ　採用する側も勇気があるわよね。

「銀行を辞める」という選択にこそ、意味があった

正人　社員20人くらいの会社ですが、ものすごく働きやすいし、自由。まだ半年ですが、信頼していただけて「期待以上だ」と言ってもらえました。銀行以外にも道があったんだなって思えました。

紫乃ママ　自分で転職先を発掘して、未経験職種に転職して、上司に「期待以上」とまで言わせるなんて本当にガッツある。ワークショップのとき、周りから

辛口のコメントを言われて、小堺さんがフッと変わった感じがしたのよね。そのときは、まだ転職をしようと思ってなかったのにね。

正人　それから半年後に転職活動をスタート。どうせ転職するなら今と全く違うところに行かないと意味がないと思いました。**この選択が正しいかどうかより、銀行を辞めるという選択をしたことが自分にとって意味のあることだった。**

紫乃ママ　自分の意思で動いたことが成功だったのね。すごくカッコいい。振り切った感じよね。でも、周りにはずいぶん引き留められたんじゃない？

これまでは「妻の未来」を潰す働き方だった

正人　支店長には本当に辞めるのかって何回も詰め寄られました。次のポストのことや、転勤を一定期間なくすから、といった条件も出されました。でも、50歳になったときの位置づけは変わらない。太一さんからこれからのキャリアについて聞いていたのは大きかったですね。

太一　居酒屋での6時間超えの「たそがれ研修の前倒し」が役に立ってよかったよ（笑）。転職して家族の生活は変わったの？

正人　がらりと変わりました。妻もバリバリ働いていますし、僕は在宅仕事が多くなったので、子どもの塾の送り迎えもできるようになった。2人の年収を合わせれば以前と変わらないし、この先、子どもも転校しなくてよくなりましたしね。

紫乃ママ　奥さんも自己実現ができたわけね。

正人　そうです。**今までは妻の未来を潰しているのが僕にとっては重荷だったので。気持ちはすごく楽になりました。**僕の業種も変わったので、驚くほど新鮮な毎日です。

紫乃ママ　周りの反応はどうだった？　銀行員って「生涯辞めない」ことが前提

だから、どんなにいい転職をしても、周りからは「どうしたの?」「何かあったの?」って言われるんだよね。

太一　**転職がポジティブには捉えられない業界ですね。僕としては25年勤め上げたこともあって、1つの区切りとして次のステップに行かせてもらうっていう気持ちでした。**でも、小堺くんの40歳前後だと周りの受け止め方が違うんじゃない?

正人「うらやましい」っていう反応もありましたが、ごく少数ですね。たいていは「なんで?　50歳まであと10年あるじゃん」って。いや、「あと10年しかない」ですよね。

紫乃ママ　会社ってさ、これからも存続していかなければいけないから、状況によっては容赦なく人を切るじゃない。**会社は続いても仕組みはどんどん変わる。だから、会社にだけ依存するリスクは結構高い**と思う。

太一　銀行で人事を担当していた頃、52歳の元上司から「ねえ堤くん、俺、まだ？　早く出向させてよ」っていう電話がかかってきたこともありました。自分に合った次の会社を人事から通知されるのを期待しているっていうか。みんな50歳過ぎるとソワソワして「まだ？」って聞いてくる感じなんですよね。

紫乃ママ　ほんっと銀行って変なシステム。2人の思い切った転職は、すごく意味があると思う。

太一　紫乃ママにいろいろアドバイスしてもらったけど、もう1つ、刺さった言葉があるんだよね。**「この転職が最後だと思わないでね」って言葉、ものすごく響いた。**やっぱり僕も、一度入った会社は最後まで勤め上げるのが美だと思い込んでいた。「今度こそは！」と思っていたし、カミさんにも「もう転職はなしよ」ってくぎを刺された。僕もカミさんも、親から「少々つらいことがあっても途中で投げ出したりせず、最後までやり抜け」っていう教育を受けてきたからね。

紫乃ママ　そうじゃないのよね。**実は本番はこれからじゃないかな。2つ目の職**

場を経験することで2人は骨太なキャリアを築き始めていると思う。堤さんは、銀行の人事とベンチャーの人事を経験してしっかりしたキャリアの軸ができている。さあ、そこを生かして何を究めていくか、何かをプラスして幅を広げていくか、ですよ。この先こそ自分で選んで生きていくべきでしょ。

正人　僕は**「また次がある」と思ったら気が楽になるなあ。**今の会社、パラレルキャリアも許可をもらえればＯＫで、いろいろなつながりを増やしていったら、起業している人からファイナンスの面でアドバイスしてほしいって声がかかりました。それなら、これまでのキャリアも生かせますし面白いベンチャーとのつながりもできる。**銀行にいたら「パラレルキャリアはNG」と答えて終わりでした。今のほうが圧倒的に自分の未来への可能性は広がっていきますよね。**

紫乃ママ　一歩踏み出したら、不思議と周りも動き始めて道が広がっていくよね。銀行では当たり前だと思ってやってきたことが、他の会社ではすごく喜ばれたりする。

正人　そんな未来が見え始めてきました。

銀行時代より上がった「キャリアの価値」

太一　今の会社では「みんなが幸せになれるような人事制度」を描くのも、そしてそれを実現するのも自分。採用も育成も評価も全部やらなくちゃいけない。でも先日、エージェントからたまたま連絡があって話を聞いたら、**「堤さんの人事としてキャリアの価値は、銀行にいたときより高まっています」とはっきり言われたよ。**

紫乃ママ　素晴らしいじゃない！　実績があるって大事よね。それがうまくいってもいかなくてもOK。**経験しているってことが大事なのよ。**銀行での経歴は、外から見るとブラックボックスでよく分からない。銀行員に求められるのはスーパーゼネラリストであることだから、年齢が上がるほど転職が大変になってくるのは事実。

今は2人とも自分が何をやっているかをはっきり言えるでしょ。年収が下がったとしても、そこで積める経験や人脈は絶対に後で生きてくる。今すぐお金に換算できなくてもね。短期的な収入だけに換算しちゃダメよ。**大企業の一員だと、会社全体は大きかったとしても、自分がやっていることの範囲はものすごく狭い。2人は、貴重な経験を、お金をもらいながら積んでいる。**これからの時代のキャリアチェンジの理想形になるわよね。挑戦し続けてよね。

After Session 4

キャリアを会社に預ける人生からの卒業

脱メガバンクをした2人が偉いと思うのは、悩んだときに人の言葉に耳を傾けて、プロボノと社会人大学院に通うという2つをすぐに実行したこと。素直なんですよ。勧められたことに従って、とりあえず行動してみた。銀行マンって、本当に言われたことをちゃんとやる人たちなんだなって、逆にびっくりしたわ（笑）。「銀行は転職がポジティブには捉えられない業界だ」って言うけど、選択肢があることを知るって大事ですよ。特に大企業に勤めると、周りに辞める人が少ないから選択肢は今の会社しかないと思い込んじゃう。そこから転職しようと思ったら、そりゃ何かを妥協しなきゃいけないとは思うけど、そのまま大企業にいたらできない経験がきっとあるはず。

「自分がやりたいこと」に仕事を合わせていく、と覚醒

太一さんは、ベンチャー企業に人事部長として迎えられて「越境」できたことが本当によかったと思う。彼にとって、ベンチャーでの経験は混乱の極みだったかもしれないけど、ここで経験したことは絶対にこれから役に立ちますよ。後日談を話すと、「この転職が最後だと思わないでね」っていう私の予言（?）通り、彼はまた大企業に転職したの。大企業のほうが合っていたのかもね。でも、人生のなかで旅をする期間があったのはよかったし、複数の会社での経験があるからこそ人事のエキスパートだって堂々と言える。これまでは幹の太い会社に寄り添っていたけど、今は自分の幹が太くなった。**転職したことでキャリアの価値が高まった**わけよね。

一方の正人さんは、突然、自我が芽生えて走っていったタイプ。発端は課長に

上がったときの研修。これまで考えてこなかったキャリアについて自分で自分に問いかけたら、研修が終わってももやもやした気持ちが残ったんでしょうね。その後、当時私が主催していたワークショップに参加してくれて、他の参加者から**「あなたは自分の人生を生きてない」って言われてた。**周りを見回したら、自分のキャリアのために妻の仕事を犠牲にしていたことにも気づいた。多分、彼も窮屈だったと思うんだけど、そのことに蓋をしていたし、大企業にいるんだから自分のキャリアについて深く考える必要なんてないと、完全に洗脳されていたと思う。私がそのワークショップで印象に残っているのは、正人さんの「大学も会社も、今までの人生は自分で選んできていなかった」っていう言葉。そこから**「会社に自分を合わせるんじゃなくて、自分のやりたいことに仕事を合わせていくんだ」と変わったのは、まさに覚醒の瞬間ですよね。**

全く違う業種、職種でも「培ったもの」は生かせる

彼がすごいのは、転職エージェントから提案があった会社に自分を合わせよう

Check

働き方をアップデートしよう

	Before		After
1	幹の太い会社に寄り添う	▶	自分の幹を太くする 
2	会社に合わせて仕事をする	▶	自分のやりたいことに仕事を合わせる 

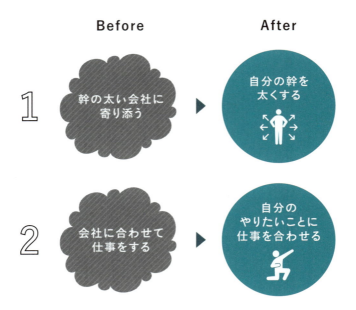

とするのではなく、自分がやりたい仕事ができる会社を選んで、未経験の職種・業種なのにメールで履歴書と職務経歴書、そして志望動機書を直接会社に送ったところよ。転職のセオリーにとらわれないで、自分の思いをちゃんと形にした行動力はすごい。年収とか、会社の規模に一切こだわらないところにも柔軟さと若さを感じるよね。

でも結局、全く違う業種に行っても、銀行で培ったものをしっかりと生かせている。当たり前ですよ。昨日、今日働き始めた若者というわけじゃないんだから、確実に培ってきたものはある。ゼネラリストを養成する銀行の仕事を経験している人ならなおさらです。

動いた人だけがもらえる「ご褒美」

転職がネガティブに捉えられる会社で、辞める決断をした2人はレアキャラ。ときどき先輩たちが、「大丈夫か?」って飲みに誘ってくれるらしいけど、**心の**

中では「そっちこそまだ銀行にいて大丈夫?」って思いながら、わざと元気のないふりをしているみたい（笑）。2人とも大企業にいたときより、自分が「何をやっているか」が、はっきり言えるようになった。会社の駒の1つじゃなくて、自分がやりたいこと・できることが明確になった。転職前と大きく変わりましたよね。

そんな余裕が持てるようになったのは、**今いる場所が安定しているからじゃなく、「自分はいつでも動ける」っていう自信が生まれたから。**それって、動いた人にしか与えられない報酬ですよ。これまでとは全く違う場所に行って、もがき苦しんでプライドを潰される場面もきっとあったと思うけど、それらはすべて、このご褒美につながっています。一度も動いていない人は「あいつら大変な思いしてるだろうな」と勝手に思っているけど、こっちはこっちで「ずっと同じ場所にいるのは大変だな」と思っている。埋まらない溝ですよね。

私の周りにいる会社を辞めた人に「辞めたことを後悔していますか」って聞くと、99・9%、いや100%「後悔してない。辞めてよかった」って言うの。

それはプライドとか意地も含めてだけど、「辞めなきゃよかった」っていう人には会ったことがない。**やっぱり人って、選んだ道を正解にしていこうと努力するんですよね。**それを糧にして進んでいくガッツは誰の中にもあるのよ。

紫乃ママpoint

幹の太い会社に寄り添う

⬇

自分の幹を太くする

キャリアの主導権は自分で持とう

Session 5

大企業の洗脳から解かれた日

来店客５

「昇進がつらかった…」20年働いた会社を去った45歳

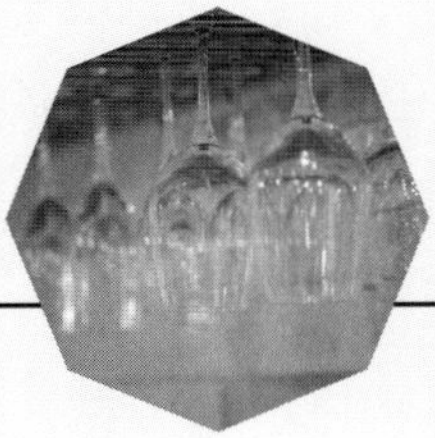

明智菜穂さん（仮名、45歳）

大学卒業後、大手金融機関に入社し、30歳で志願して海外赴任。5年間の海外駐在中に管理職にもなり、帰国後は企画、管理部門など花形部署を経験。会社からの期待を感じながらも「次は部長だね」という言葉を聞いても心が躍らず、「人生をもっと楽しみたい」と43歳で退社。友人が経営する輸入商社に転職したものの、想定外のコロナ禍で事業整理に追われる日々。せっかく大手企業を辞めたのに、やりたいことができない現実にモヤモヤが……。

昇進が苦しみに…「来年は部長だね」が退社のきっかけ

紫乃ママ　いらっしゃい。初めてのご来店？　何かお悩みがありそうな顔つきね。

菜穂　そうなんです。紫乃ママに聞いてほしいことがあって。あ、とりあえずビールください。

紫乃ママ　はい、ビールどうぞ。で、どうしたの？

菜穂　私、1年半前に20年勤めた大きな金融機関を辞めて、友人が経営する小さな会社に転職したんです。「もっと楽しんで働きたい」と思って。でも、転職しても思ったようには仕事を楽しめていなくて……。

紫乃ママ　なんと！　20年も勤めた大企業を辞めるなんて、すごい勇気ね。何かあったの？

菜穂　管理職も海外勤務も経験させてもらって、会社には本当に感謝しています。でも、実は2年前からずっと悩んでいたんですよね。この先の人生をどうしようって。**直接のきっかけになったのは「来年はあなたも部長だね」という声を周囲から聞いたことです。**

紫乃ママ　それ、パーフェクトな出世コースよ。大企業で部長に昇進するかも？40代前半で？　女性で？　最高！……じゃないの？

菜穂　ぜいたくかもしれないけど、その「昇進」に全く魅力を感じなかったんです。自分が仕事にのめり込むタイプなのは分かっていたので、**もし部長になったらさらに会社のために時間をささげるのかと思ったらどんどん怖くなっちゃって。**根回しとか調整に時間を取られることを思ったら本当に嫌で。もっと自分がやりたいことに向き合いたい。そのためには違う場所のほうがいいと思ったんです。

紫乃ママ　権限は大きくなるかもしれないけど、部長ともなるとより組織の意向に従って動かなければいけなくなるものね。しかも男社会バリバリの金融機関。

まあ大変なことがいろいろありそうね。しかもその役割を従順に果たしちゃいそうな菜穂さんが見える。

菜穂　「昇進すると見える世界が違う」っていうのは分かっているんですけど、このまま会社にいて昇進することで、自分がどんどん苦しくなると思ったんです。**女性活躍推進の波に乗って昇進するという見方をされそうなのも嫌でした。**

定年を迎えたら私に残るものは何？

紫乃ママ　真面目ね〜。菜穂さんに昇進の声がかかったのはその波があるだけじゃないと思うけどね。でも、確かに数合わせと思われるのはしんどい。それは分かる。

菜穂　そうやって会社に合わせて昇進して、定年を迎えて。会社がなくなったら私に何が残るんだろうって。**だったら私という「個」を生かせる組織の中で、何**

か違うことをして70歳くらいまで働いていたいと思ったんですよね。部長になることなんて、どうでもいい。会社の仲間に辞めると言ったら「いったい何があったの?」って驚かれましたけどね。

キラキラキャリア…でも自分の強みが分からない

紫乃ママ　そりゃそうでしょ。菜穂さんって外から見るとすごいキラキラキャリアだもの。

菜穂　私自身は新卒で入った会社に20年も勤めるとは思っていませんでした。これまでのキャリアを振り返ると、いろいろなことをちょっとずつやっていただけで自分の軸と言えるものがないんです。**「これが強み」と言えるものがないから常に満たされない。**自信がないから不安なんです。これでいいのかなとずっと思っています。

紫乃ママ　誰がどう見たって「自信がない人」のキャリアじゃないと思うけどね。自信がないって言葉と、これまでのキャリアや私という「個」を生かしたいって果敢に転職する行動が結びつかない。自信がないって言う人は行動できない人が多いもの。ところで、転職した先はどういう会社なの？

菜穂　友人が出資している社員十数人の会社で、経営を手伝ってほしいと前から誘われていたんです。**求めてくれる場所があるんだったら、というのも決断した理由の1つです。**そこで取締役をしています。

紫乃ママ　大企業エリート候補からベンチャーの幹部か。ライフシフト的にはいい感じじゃない？

菜穂　行動することはできたんですけどね、なぜか満たされない……。なんていうのかな、今の会社は自由過ぎるんです。今までずっときっちりしたルールがあるなかで仕事をやってきたから、ものすごいギャップがあって。言い方は悪いですけど、メンバーに対しても「こんなこともできないの？」と驚いたりイライラしたり。時間も自由になるし、楽しもうと思って転職したのに、またイラついているなんて、負のスパイラルです。

紫乃ママ　ふうん、そっかあ。自分のいる場所は大きく変わったのに、菜穂さんが自分の仕事のやり方とか向き合い方を変えていないからひずみが生まれているのかもしれないね。

苦労性＆成長したい病のダブルパンチ？

菜穂　今の会社は入社後すぐにコロナ禍のせいで業績が悪化し、今までできていなかった経費削減や人員整理も私がやって、みんなにも危機感を持ってもらえた。ぐだぐだだった組織も、定例ミーティングをきちんとやるようにして、ようやく会社の形が整ってきたんですけどね。

紫乃ママ　菜穂さんは責任感が強いのね。それに苦労性。社長でもないのに、すべてを背負ってる。その会社、今までそういう役割の人がいなかったから、新型コロナウイルス禍のタイミングで菜穂さんが来て、会社としてさぞかし助かっているんでしょうね。**そういうところは菜穂さんの強みが本当に生きている。**会社の役に立っている感はあるでしょう?

菜穂　役には立っていると思います。**でも、自分が成長している実感がなくて……。**仕事の1つひとつは前の会社で散々やってきたことだし。

紫乃ママ　苦労性な上に「成長したい病」(笑)。でもさ、前職ではできて当然で、成長している実感を得られない仕事なのかもしれないけど、前職にはいなかったような、よく分からない人たちがたくさんいる動物園みたいな会社で苦労しているんでしょ。**それが、キャリアのストレッチだと思うけどな。**前の会社は優秀な人も多くて、「あ」と言えば「いうえお」と自動的に仕事が動いていった。今は「あ」と言っても「へ?」と言われるだけじゃない。その環境で人を動かすのって、めちゃめちゃ大変だし、菜穂さんがこれまでにやっていなかったことよね。

言い方は悪いけど、大企業にいると、バックグラウンドが似ていて知識レベルの近い人とばかり仕事するでしょ。それって経験としてはすごい弱みだと思うの。**いろんなバックグラウンドを持つ人たちをマネジメントしていくことって、成長ポイントがめちゃめちゃある**と思うけどね。

菜穂　成長できているのかなあ……。もう1つのモヤモヤは仕事以外の活動が全然できていないことです。今いる会社の小さなことでいっぱいになり過ぎて、外に目を向けられていない。今の会社に転職したときの条件は、経営の数字的なところを管轄する、あとはイベントや新製品開発といった自分の好きな企画をしていいというものでした。でも、新型コロナの影響でそれどころではなくなってしまって。そこが想定と違って不満なのかもしれません。負の遺産の整理ばっかりで、新しいことができていないんです。

紫乃ママ　う〜ん、ごめん。やっぱりね、なんとなく言い訳に聞こえるんだよね。菜穂さんが「新しいことをやらない」言い訳。「楽しみたい」って思って転職したんだから、もっとわがままになったらいいんじゃないの？

せっかく大企業を辞めたんだから、もっと自分がチャレンジできるように自分の環境をつくったらいいじゃない。菜穂さんは真面目過ぎ。**課題があったら全部自分が解決しなきゃいけないって思ってる。**

主張しなければ自分の時間は奪われてしまう

菜穂　私のわがままってなんだろう……。今の会社の人たちはすごく楽しそうで、生き生きしているんですよ。それはある意味うらやましい。仕事がたくさん残っていても定時になれば「お先です！」って楽器のケースなんかを持ってどっかに消えちゃう。

紫乃ママ　小さな会社だとやることが死ぬほどある。主張しないと自分の時間をどんどん使われてしまうからね。ううん、使われるどころか、菜穂さんは**自分からどんどん自分の時間を差し出しちゃってる。**決してサボれって言ってるわけじゃないのよ。でもせっかく自分でいくらでもコントロールできる状況になったんだから、菜穂さんが今、本当に何をしたいかをもっと明確にしたほうがいいんじゃない？

菜穂　私は、実は食を通じての地方創生に興味があるので、今の会社を基盤としてそういうプロジェクトを立ち上げていきたいと思っていたんです。まだイメージしかないからもっと具体化しないとダメですね。

紫乃ママ　いいじゃない！　イメージがあるならとっとと動き出したほうがいい。そうしたらそっちが忙しくなってくる。菜穂さんは時間があると、他の人がもたもたしたり適当にやっていたりするのを見て「その仕事は私がやるわ」になってしまう人だから。自分のやりたいことが動いていれば、自然とそっちに行きたくなるでしょ。**「時間ができたらやる」と言っている人に時間は一生やってきてくれない。**時間ができたと思ったら死んでた！　ってなっちゃうよ（笑）。

一歩を踏み出すときは、歩幅を小さくしてみる

菜穂　確かにそうかもしれません。会社を辞めた年に立てた目標は、「自分のビジネスを一歩踏み出す」でした。そのために自由にやれるはずの小さな会社に入ったのに……。

紫乃ママ　最初の一歩は小さくてもいい。**やることの幅を小さくして、もっとわがままに自分のやりたいことをさっさとスタートしていけば、どんどん達成できて、モチベーションも上がってくる。**雇われ根性は捨ててね。今の会社は次へのステップ、「自分のビジネス」への練習台と思えばいいのよ。

菜穂　自分の体も1つだし、時間も限られているから優先順位をつけないといけないですよね。

紫乃ママ　新しいビジネスが形になったら、それで起業も考えているんでしょ？

菜穂さんは自分の「売り」がないっていうけど、キャリアでいえばスーパーゼネラリストだし、経営者にチャレンジすればいいじゃない。もっと今の会社という箱を使って今のうちからやりたいことを試してみればいいのよ。ある意味、疑似起業みたいなものでしょ。今はそのジャンプ台にいる。いい練習だと思ってみたら？

菜穂　そうですよね。いい意味でもっと自分本位に最初の一歩を踏み出してみます。ありがとうございました！

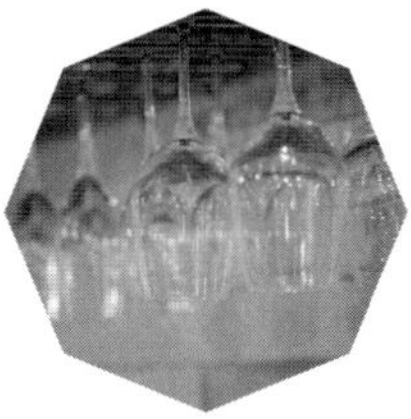

After Session 5

会社の未来より、自分の未来

「このまま出世して定年したら私に何が残るのかと思った」と大企業からベンチャーに転職した菜穂さん。自分の心に「会社の中でポジションが上がっていったら、私は何がうれしいんだっけ?」って問いかけたら、昇進しても全然ハッピーじゃない、むしろ苦しくなるんだって気が付いた。それが分かったのは大きいですよね。まあ、気づいても、目をつむって息を止めてとりあえず進む人もいるけど。彼女の場合は、これ以上息を止めていたら死ぬと思って、後先考え過ぎずに大企業を飛び出しちゃった。そういう意味では、「やり切った」というよりは、もっと多様で豊かで複雑な、次のキャリアに踏み出したっていう転身ね。いつも言うのは、会社の未来より自分の未来のことをもっと考えたほうがいいってこと。人生の後半ではなく、43歳っていう中盤で、次の一歩を踏み出したのはよかったと思う。〝手触り感〟のある仕事にシフトしたものね。後日談を話すと、菜穂さんは、有言実行で新しいプロジェクトを立ち上げてバリバリやっています。

女性の責任感を搾取する会社は多いのよ。特に女性活躍の旗のもとで役職が上がると「後輩のロールモデルにならなくちゃ」「実績を出せなかったら推してくれた人に申し訳ない」ってどんどん自分を追い込んでいく。もちろん抜てきされたからこそ頑張れる部分もあるんだろうけど。女性は「まだ足りない」「これじゃ駄目だ」って頑張り過ぎて自分では気が付かないうちに、体や心を壊してしまう人が多い。会社なんて組織で動いているんだから、与えられたポジションで実績が出せないなら、任命した奴の責任だ、くらい開き直ったほうがいいんだけどね、本当は。

大企業の洗脳から解かれて辞めたはずなのに…

でも、面白いのは、大企業の〝洗脳〟から脱して辞めたのに、ベンチャーに移ったら夕方5時に楽器を持って帰る社員を見て、「え?」って思ったこと。金融機関の大企業には、仕事が終わっていないのに5時に帰る人は少なかったんでしょうね。世の中にはいろんな人がいるけど、組織の論理に従う優秀な人をフィルタリングした大企業ワールドにいたから、違う働き方の人に対してモヤモヤしちゃったのよね。

まあでも、大企業からベンチャーに転職したらみんな最初はそのギャップにモヤつきますよ。郷に入れば郷に従えっていうけど、**違いを楽しむことができるか、**その心構えを持っているかで差が出るような気はする。もっと言えば、そういう違いがある場所に行かないと自分のキャリアに広がりが出ないのよね。自分を変えて、もう少し肩の力を抜いて働いてみる。そういう働き方も新しい場所で知れたらいいですよね。

キラキラキャリアなのに自分の強みが分からない

彼女の場合、入社以来ずっとキラキラキャリアでしょ。海外駐在もして、出世頭で女性活躍の星みたいな感じだった。キラキラキャリアだけど自分の強みが分からないって、大企業女子にありがち。大企業にいれば自分で「私は○○ができます」とタグを付けなくても、ベルトコンベヤーに乗っていけちゃうから。**特に今、「女性で優秀」っていうだけで、本人の意思とは関係なく女活の波に乗せられちゃう。**会社側から見たら、自分の強みなんて分かって目覚められたら使いにくくなる部分もあるもんね。強みが分からないのは、自分の評価が「自分らしさ」によるものじゃないってこともあるかもね。**自分が生かされている実感がなくて、歯車みたいに感じたのであれば、それもまた大企業ならでは。**優秀でなんでもやれる仕事の基礎力はすごくあるから、どこに異動してもちゃんとやっていける。そういうハイパーゼネラリストを育てるのが大企業だから。

「成長の種類」をシフトチェンジしていく

同時に菜穂さんみたいに真面目な人は「成長したい病」にかかりやすい。成長したいって気持ちは、大事なものだからなくす必要はないけど、ちょっと成長の種類を変えることが大事よね。会社の中で「成長していく」ことは、早く正確に効率よくできるみたいなことかもしれないけど、「多様な人と一緒に仕事ができる」、「仕事の進め方の違いに気づく」みたいなことも本当は成長だと思う。せっかく、がんじがらめの国からもっとルールが自由な違う国に行ったんだから、成長の法律も変えたほうがいい。そもそも「早い、正確」みたいなのは、年を取れば取るほど難しくなるじゃない？　だとしたら、その世代なり成長の仕方があっていいと思う。

彼女が感じているモヤモヤは、ある種の修業。前の会社では、成長のプロセスがはっきりしていたけど、**今は成長の方向そのものを探っていかなきゃいけない。**そういう意味では、大きな成長の機会とも言えるわけ。よく中小企業やベンチャーを下に見る大企業の人がいるけど、大企業では仕事を切り刻んでいるから社員は一部しか担わない。でも組織が小さいと一人ひとりの守備範囲が広いでしょ。人材のでこぼこが大企業より大きい可能性があるなかで、成果も出していかなきゃいけないわけなんだから、成長の種しかない。彼女の感じているモヤモヤは健全なモヤモヤであり、成長痛ってことよね。

紫乃ママpoint

転職先の健全なモヤモヤは、成長痛
これまでとは
違う種類の成長を目指そう

Session
6

島耕作みたいな人生は、かっこ悪い

来店客6

希望通りの転職に成功 会社に依存していたと気づいた44歳

小川英二さん（仮名、44歳）

大学卒業後、証券会社に入社。営業、企画を経験した後、30代で人事に異動。年功序列型の人事制度の改革に取り組む。人事のあり方を考えたことで、ふと自分の人生を見直すことになり、43歳で転職。起業も視野に入れつつ、人事のエキスパートになりたいと大手企業への転職に成功したものの、思った以上にアナログな環境にはモヤモヤがとまらない。

昇進を目前に「自分のやりたいこと」を求めて転職

紫乃ママ　いらっしゃい。あら、初めての方？

英二　あ、どうも。友人から紫乃ママの評判を聞いて来ました。実は昨年、証券会社から転職したばかりなんです。

紫乃ママ　そうでしたか。ど真面目な世界から昼スナワールドへようこそ。で、英二さんはそもそも新卒のときになぜ証券会社を選ばれたの？

英二　なんとなく収入もいいし、ステータスがあるイメージで。父親も大きな会社に勤めていたので、自分も大手企業に入るのかなと。

紫乃ママ　そうかそうか。特にこれがやりたいってことではなかったのね。でも優秀がゆえの一流企業への入社か。で、どうして今、転職を？

英二　管理職になってから5年ほど人事をやってきました。人事って、その人や家族も含めた人生を考える仕事じゃないですか。会社の人事制度をなんとかしたいと考えていたら、ふと、自分の人生はこのままでいいのかと考えてしまって。馬車馬のように働いてきたけど、**42歳になって将来も見えてきて、これが本当にやりたいことなのかなって。**

紫乃ママ　気づいちゃったのね。**42歳、遅れてやってきた中二病みたいな**（笑）。**その世代でかかる人は多いけど、たいてい留まる。**でも、英二さんはジャンプしちゃったのね。

英二　何か別の道もあるように思えてきて。ホリエモンの本なんか読むと、どこかに属して働かなくても起業という選択肢もあるのか、なんて思えてきて。ただ、人事制度を変えてこの会社の人たちを幸せにしたいとも思っていたので、人事改革に打ち込んで全力で進めたんです。でも、その過程で経営層のシニアの方々と交渉しているうちに、**大手企業にありがちな既得権にしがみつくおじさんたちと、これからも一緒にやっていくのかと思うといたたまれなくて。**

試しに転職エージェントに登録してみたら…

英二　ジョブローテーションする会社なので、翌年には異動と昇進も決まっていました。給料とか安定性が頭をよぎりましたが、**人事という仕事に魅力を感じていたので、これを専門にできるなら転職もありかなと。**

紫乃ママ　いきなり起業といっても、いろいろ守らなくちゃいけないものもあるものね。今の会社はどうやって決めたの？

英二　悩んでいるときに、試しに転職エージェントに登録してみたら、すぐに声がかかったんです。いくつか面接を受けましたが、多かったのはＩＴ系と金融、不動産業界。人事ができればどこでもよかったんですが、年齢を重ねるにつれ、仕事を通して社会貢献したいという気持ちも大きくなっていて。金融と不動産はなんとなく業界として「貢献」から遠い気がして外しました。たまたま、ある大手企業の人事部門を紹介してもらえて。結果的に年収も前職と同程度で、伸びている会社だったのでそこに決めました。

紫乃ママ　前職で人事改革をやり切ったからこそ、引く手あまただった。でも、いざ辞めるとなったら周りの反応はさまざまだったでしょ？

英二　**「何を考えてるんだ！」って人もいれば、「うらやましい」「相談に乗ってほしい」っていう人も。**人事担当が辞めると聞いて「もしかして、この会社危ないの？」と言ってくる人もいました。退職の挨拶メールを送ったら、２００通くらい返信が来ました。

紫乃ママ　惜しまれつつお辞めになったのね。さすが！　それで、転職されて、どうです？　めでたしめでたし……じゃないからここに来たんですよね（笑）。

ゴム印に指サック、昭和の紙文化にあぜん

英二　モヤモヤはありますね。業界トップのビジネスをしていて現場は強いんですけど、自分が入った人事やスタッフ部門の組織の仕組みや制度はとんでもなく古い。いまだにゴム印と指サックを使っているのには驚きました。打ち合わせのたびに、スタッフが資料をコピーして持ってくるような紙文化も健在でした。

紫乃ママ　あらま。まあ、外からは分からないことはたくさんあるわよね。

英二　入ってビックリでした。**この会社に染まってしまったら自分はどんどん世間から遅れてしまう。**前の会社も古い体質だとは思っていましたが、現場もスタッフもおしなべて優秀な人がいた。今の会社は現場重視で、スタッフ部門に優秀な人材が配置されにくいようで。

人事としてさらにステップアップして、いつか独立を選択できるようにしたい

と思っていたのですが、この会社で人事の新しい潮流を経験できるのか。新しい知見を得ても、実践する場や議論する相手がいないから深めるチャンスがない。自分自身の学びが少ないんですよね。先日も上司に考えを話したら**「今それをやると周りがついて来られないだろう」と言われました**。今はいいけれど、これから5年10年、この環境でいいのかが最大の悩みです。

紫乃ママ　課題は山積みの会社みたいだから、変化はいっぱい起こせそうだけどね。そういうことは既に持っているスキルでできるから、英二さんにとってはプラスにならないってことか。これからどうするか、具体的に浮かんでいる選択肢はあるの？

安定した道ばかりを歩いてきたという後悔

英二　今の会社をすぐ辞めることは考えていませんが、副業をしながら本当にやりたいことを考えてみてもいいかなと。実は**若いときにもっとチャレンジすれば**

よかったと後悔していることもあって。それこそ新卒入社のときにやりたいことを追求しておけばよかったなあって。

紫乃ママ　え、新卒のとき？　そこまで遡るの？

英二　僕はもともとスポーツが好きで、スポーツジャーナリストに憧れていたんですよね。でも、結局なんとなく安定した道を歩いてきてしまったという後悔があります。

島耕作みたいな人生って、むしろかっこ悪い

紫乃ママ　でもさ、これからでも別に遅くないんじゃやない？　後悔している暇があったらやりたかったことにチャレンジしたらいいと思いますよ。40代50代のロールモデルって、今ものすごく変わってきている。**島耕作みたいに一本のレールを歩むのは、むしろかっこ悪くない？**　転職して時間やパワーに余裕ができた

なら勉強してもいいし、副業してもいい。仕事をしているけど、ある意味でモラトリアムじゃない。

英二　確かに転職して時間はできましたね。今までは自分のほぼ全時間を会社に振り向けて土日も常に仕事のことを考えていたし、帰りも終電ばかりでした。もちろんそれが好きでやっていたんですけどね。前の会社を辞めて顔が優しくなったと妻に言われました。

紫乃ママ　それって最高じゃない。年収も変わらず、時間もできた。会社にすべてを求めなくていいと思いますけどね。**まずさ、「人生、会社がすべて」ってところから脱却しなきゃね。**

学びの場、貢献の場、つながりの場…会社を分析する

紫乃ママ　長い人生の間には、自分の人生を占める会社や仕事の割合が9割の時

もあれば、4割になる時期もある。**会社って、スキルを学ぶ場であり、貢献の場であり、人とのつながりの場でもあり、そして生活の糧を得られる場**ではあるけど、2社目ではすべてを1つの会社で賄おうとしなくていいと思う。

今の職場はスキルを学ぶ場としては不足でしょうけど、貢献の場としては満たされているんでしょ？　そのバランスがどうなっているかシビアに分析してみるといい。前の会社はいい感じでバランスが取れていた。大企業ってそういうエコシステムはよくできているのよね。だから社外へ出る動機も見つからない。

英二　わあ、その言葉は刺さりますね。実は僕、会社以外のことを本当に知らなかったんですよ。これまで社外の人ともほとんど交流してこなかった。前の会社ではみんな仲が良かったから、人とのつながりの場も社内で満たされていて。**これまでの僕は会社への依存度が高かったんですね。**

紫乃ママ　そのエコシステムを飛び出したのはすごく勇気がいったことだろうし、大きな一歩を踏み出したと思いますよ。でも、「**必要なものをすべてを満たして**

くれる場所＝会社」っていう幻想にまだとらわれているのよ。エリートで会社にも大事にされてきたんだろうし。

英二　バランスは変わったけど、今、確かに満たされている部分もありますね。

紫乃ママ　過去にもっとチャレンジしておけばよかったと思うことって誰にでもあるけどさ、結果的にはそのタイミングでは「選ばない」ことも含め、そのときの自分に合う生き方をしてきたんですよ。**だから「選ばなかったこと」も含めてその選択を肯定していいんじゃないかな。**年を重ねてからのほうが自分のことも社会のこともよく分かってくるから、好きなことに近づくやり方の種類も増える。スポーツの世界に関わりたいなら、次のステップで近づけばいい。5年くらいの社会見学のつもりでいいんじゃない。

英二　本当にそうですよね……。

紫乃ママ　自分は誰の課題の解決をしたいのか、経営者なのか、若者なのか。いろいろな人に会えば会うほど、課題が見えてくるはず。そこに自分のスキルで寄与できることがあると確信できれば、そのタイミングで、事業にしていけばいい。**誰のどんな課題を解決していくかを考えるのも今後のライフテーマとして大事ですよ。**今は神様が与えてくれたお勉強タイムかもしれない。

英二　そっかあ、この状況でこそやれることもめちゃめちゃあるなっていうのが分かりました。

紫乃ママ　早くシフトできてよかったじゃないですか。インプットしながらアウトプットすることをしばらくやってみてよ。今、このタイミングで一歩踏み出したことに絶対、後でご褒美があるから安心して、紫乃ママが保証するから。どんどんチャレンジしてみてよね。チャレンジが次の道を開くのよ。

After Session 6

「会社に求めるもの」をはっきりさせる

「自分は会社以外のことを本当に知らなかった」「改めて会社への依存度が高いことに気づけた」って英二さんは言っていたけど、**会社は自分に必要なものをすべて満たしてくれる「場」ではないのよね。**

会社って、「スキルを学ぶ場」であり、「貢献の場」。「人とのつながりの場」でもあり、「生活の糧を得られる場」でもある。会社に求めるものや会社から得られるものは、自分の年齢によっても変わってきますよね。会社も変化はしていく

Work

「会社と自分」の関係性を書き出して整理しよう

Q1 あなたにとって会社はどんな場、何を得られる場？

例：
- お金という報酬を得る場
- スキルを学ぶ場
- 貢献する場
- 成長の経験が得られる場
- 人とつながれる場・人脈を増やす場

Q2 あなたが今、会社で得られていないものは何？

例：
- 仕事に見合った報酬（例／できればあと150万ほしい）
- スキルや自信を得られる経験
- 成長を実感できる機会
- 休暇（例／週休2日は死守したい） or ワークライフバランス
- 自分の時間（残業が多過ぎる）
- やりがい
- 志を同じくするor気の合う仲間

▶▶ 得られていないものを言語化してから、それを得るにはどうするか考えるし、自分を取り巻く環境も変わる。今の自分に何が足りないのか、何を求めているのか、それを会社では得られるのか、得られないのか。会社を辞める前に、しっかり考えてみるといいと思いますよ。

会社を辞めるか、辞めないかモヤモヤしてしまうのは、それぞれの理由が言語化できていないから。すべてが不満なわけじゃなく、満足している部分もあるから、今の会社で働き続けているわけでしょ。それを仕分けできていないから、モヤモヤに拍車がかかってしまう人も多いと思います。まずはしっかり仕分けして、言語化してみましょう。

例えば、すごく居心地がよくてのんびりした会社なんだけど、自分の成長欲求は満たしてくれないってことなら、まずは会社の中で成長できる部署はないかを探してみる。もう会社の中に成長の場がないのであれば、会社以外の活動に成長の場、サードプレイスを見つけにいくのもいいかもしれない。同時に転職を視野に入れていく、という具合です。

自分と会社とのかかわり方は？

会社に求めるものは、年齢や自分の環境によっても変わると言ったけど、例えば、親に介護が必要になったら、自分の成長よりも働き方に融通が利く会社のほうがいいかもしれない。この会社に、今の自分が何を求めて何を得られているのかに自覚的であることはすごく大事。自分と会社とのかかわり方をどう捉えるかってことよね。**それをはっきりさせれば、今の会社で働き続けることにモヤモヤしている人、不遇な状況で働き続けている人も、幸せになる道を見いだせる**と思う。

1つの会社ですべてのものが満たされるわけではないし、それを満たすために会社が存在してるわけではない。当たり前だけどね。結局は会社との距離をどう取るかという話ですよね。

これまで培ってきたもの、これから培いたいものは？

よく「自分／キャリアの棚卸し」っていうけど、**自分が今までの人生で「培ってきたもの」を仕分けておくことも大事。**これまで「1仕事」のなかで培ってきたもの、「2家庭」で培ってきたもの、「3自分自身」のために培ってきたもの、「4社会」とのつながりで培ってきたもの、それぞれを分けて書いてみて。

ライフ・ポートフォリオさんという研修会社（社長は元同僚）のチャート（p.140）を気に入って使わせてもらっているんだけれど、中高年世代向けのキャリア研修だと、「仕事」や「家庭」の欄は書けても、「社会」の部分が書けない人が多いの。仕事中心になっていて社会とつながる時間を割けていなかったからよね。あとはね、「自分自身」のために培ったものは、いいことばかりじゃなくてもいい。この世代になると大病したって人もいるでしょ。病気をしたことが自分の生活を健康的なものに変えるきっかけになった、残りの人生を考えるきっかけになった人だっていると思う。であれば、それだって「自分自身」に対して培

Work

人生の財産（培ってきたもの）棚卸し &ビジョンシート

今持っている　例：簿記2級、ファイナンシャルプランナー、コーチング、品質管理プロジェクトのリーダー、管理職歴10年

5年後持ちたい　例：もっと人の役に立つ仕事、MBA（社会人大学修了）

今持っている　例：2人の子育て終了、一軒家、姪との時間

5年後持ちたい　例：妻との関係修復、親と海外旅行、父に生前贈与の確認

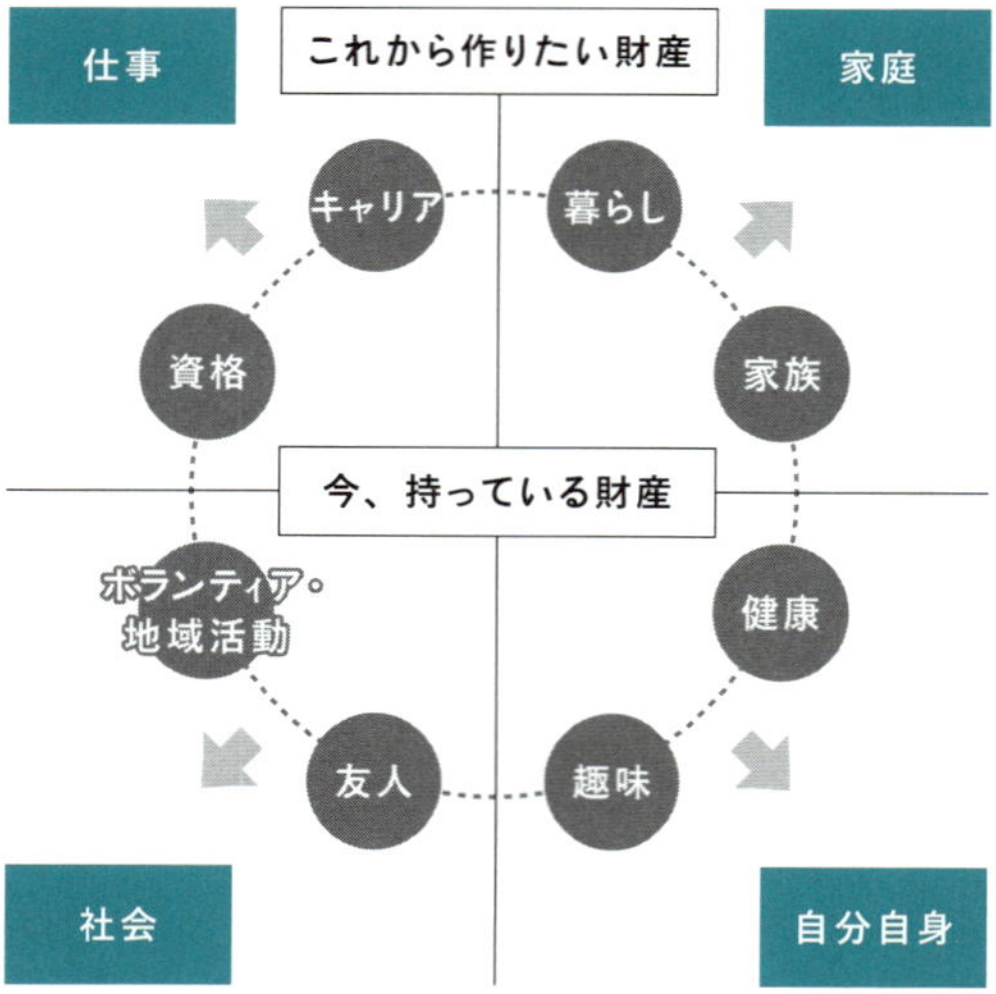

今持っている　例：PTA役員、マンション管理組合理事、子ども食堂のボランティア、サッカーチームのコーチ

5年後持ちたい　例：大学の友人と旧交を温める、地方の町おこし経験、がん患者の支援活動

今持っている　例：合気道初段、百名山に挑戦中（現在43）、利き酒師、乳がんの闘病経験

5年後持ちたい　例：合気道二段、百名山60まで到達、日本中の酒蔵巡り、料理をマスターする、筋力アップ、一人旅

った財産なんですよ。

さらに、**「この先の5年間で培いたいもの」**も書いてみる。例えば、「社会」のところに「ボランティア活動をやりたい」「高校時代の友人関係をまた復活させたい」とか、「自分」のところだったら「体を鍛えたい」とか。そうすると、自分の時間のすべてを仕事や会社だけに振り向けていたら培えない、ってことに気づける。時間は有限だものね。欲しいものを手に入れるために時間の使い方をそこから少しずつ変えていく。これは1回やったら終わりではなく、年に1度はやってみてほしい。

人間って、何かを欲しいと思っても全部手に入るわけじゃないけど、少なくとも欲しいものはまず言葉にしていかないと手に入れられない。でもつい「それを実現できるかできないか」だけで考えてしまって最初から諦めてしまう。だから**実現できる、できないは置いておいて、とりあえず書いてみる。**例えば、「海の近くで暮らしたい」でも「家に炭酸泉をつくる」「スーツを着たくない」でも、なんでもいい。願いをちゃんと言葉にしていくことが大事よ。会社の研修でこういうのをやると、つい「こういうスキルを身に付けたい」とか忖度《そんたく》して仕事のことばかり書く人が多いんだけど、本当に心からそう思ってますか？　って言いたくなっちゃう。ただ、「もう誰かに目標設定をされた世界の中で生きたくない」なんて書いた50代の人もいて、私もハッとしたことがありましたよ。いいよね、やっちゃえやっちゃえって思う。

紫乃ママpoint

過度な期待を手放し「人生の中心は会社」から脱却を

コラム

スナックのカウンターから見た
「まだ辞めないほうがいい」人の4つの特徴

「会社を辞めたい」と、スナックに駆け込んでくるお客さん、キャリア相談に来る方とお話ししてよく思うのは、なかには「まだ会社を辞めないほうがいいだろうな」という人がいること。私がそう思う人の特徴は4つあります。

1つ目は、目先のことだけ考えて「今の会社から逃げたい」だけの人。これは老若男女で共通です。たとえパワハラ上司に苦しめられていたとしても、早まっちゃいけない。会社には休職という手段があるはずです。辞める、逃げるにしても一旦休んで次の準備をしましょう。単純な話ですけど、まだ準備が整っていないから次がない。

だったら今は辞めないほうがいい。
2つ目は会話が「他責」ばかりの人。会社が悪い、仕事内容が悪い、上司が悪い……。**「相手が悪い」って言っているばかりでは、状況は変わらない。**私が結婚を3回して気づいたのは「自分に問題がある」ってこと。自分の分析ができていないと、誰と付き合っても相手に同じことを求めてしまう。会社との付き合いも同じ。人のせいにしたり、時代のせいにしたり、変化のせいだけにしていても、永遠に満足は得られないですよ。「自分は会社に何を求めているのか」「仕事をどういうふうにやりたいのか」の自己理解がないと、間違えた場所に行ってしまったり、次の場所でうまくいかないことが起きたりしたら、自分とのズレに気づけずに、また周りの人や環境のせいにする過ちを繰り返しますよ。私のように。

3つ目は、「次の会社を最後の職場にしたい」と思い込み過ぎる人。『お前（あなた）が俺（私）には最後のオンナぁ（オトコぉ）～♪』的な発想は残念ながら仕事では捨てたほうがいいでしょう。社会も変わる、会社も変わる、自分も変わる。諸行無常なのです。「自分に合わなくなったら場所を変えよう」くらいの気概と気軽さがキャリア後半戦では必要になってきます。部署も会社も「次を最後にしよう・したい」と思い込み過ぎると挑戦の足が鈍ります。挑戦しないと得るものは少ない。今のうちに柔軟な考え方に変えていきましょう。

4つ目は、「目の前にあることを楽しもう」とする心得がない人。目の前にやってきた仕事が思っていたことと多少違っても、一緒にやっている人が面白いとか、仕事に付随する要素はいろいろある。そのなかから、小さな喜びや成長できるポイントはいくらでも見つけられるはずなんです。私の場合、5人の小さな会社に入ったときには、営業からトイレ掃除、社長が贈るバレンタインチョコの宛て名書きもやった。後輩が作ったチラシ5000部の誤植を手修正も、文句ブーブー言いながらだけど仲間とやる仕事は楽しかったし、新しい発見もあった。

そういう小さなことを楽しめる、面白がれる心を持つ練習も、会社を辞める前にやっておけるといい。

新しい場所で「これは私の仕事じゃない」と言った時点で、前に進めなくなっちゃうでしょ。100%ピッタリ自分にフィットする仕事だけに当たることはないですから。

婚活のプロに聞くと…

婚活でも、会った途端にどうでもいいケチをつける人、いるんですよ。知り合いに「あの人、腕まくりの仕方がダサイ。肩まで上げてる！」ってお見合いの後に言っていた人がいたけど、腕まくりなんて、どうでもいいじゃん。変だと思うなら言ってあげなよって思います。そういうマインドでいるのはもったいないし、損だと思う。

カリスマ婚活アドバイザーに「どういう人が結婚できるんですか？」って聞いたら、「あ、それはもう、ほれっぽい人。それに限る」って答えが返ってきたんだけど、それは仕事も一緒よね。**何か新しいものが提示されたときに、「面白そう」と、良い面を先に見つけられるかはすごく大事。**嫌なこと、大変なことばかりにフォーカスしちゃうと、自分の態度も変わるし、それは相手にも伝わって、あんまりいいことない。そういうのって、思考の癖なのよ。

「良い面」をピックアップ

40代、50代になるとすぐには自分を変えづらくなってくるから、辞める前に目の前にあることに面白さを見つける練習をしておかないと、辞めても同じことを繰り返しちゃうかもしれません。私も30代ぐらいで、くさくさしてる時期があってさ。そのときに口癖を変えようと思ったの。何か予想しないことが起きたらまず「うわ、面白いじゃん」って、口に出して言うようにした。どんなにヤバい状況でも困ったことでも、一旦「面白いじゃん」。今もそれを続けてる。面白いって、「こんなこと起きるなんて」という驚きもあるし、「単純に楽しい」もあるけど、「困難上等。受けて立とうじゃないの」もある。**とりあえずは「嫌だ」じゃなく、「面白い」で捉えてみる。**「面白い」、「そういうことあるんだ」、「笑える、むしろウケる」ってね。物事はなんでも裏表で、良い面と悪い面がある。一見、悪いと思っても、少し引いて見ると良い面もあったりする。

だから物事の良い面をちゃんとピックアップするのは、生活全般においても必要だし、そうしないと損しちゃいますよ。

自分でつくった会社ですら思い通りにいかないんだから、人がワサワサいる大企業なんて、あげつらえば嫌なことなんて山ほどあるに決まってるじゃない。想定外のことが起きたとき、そこから何が学べるか、何が面白いか、そういう発想を持つことはものすごく大事だよね。そういうマインドの人であれば、どこにでも動けるし、動いた先で楽しめる。そのマインドセットが整っているかどうかも大事なことじゃないかな。

まあ、簡単に言えば柔軟性っていうことかもしれない。カチコチのままで次に行っても、また同じようにあら探しを始めちゃう。ミドル世代になってカチコチだと周りから見ても痛いでしょ。ほっとくと頭も体もどんどん硬くなるから、意識して頭も体も柔軟体操をしておかないとダメだと思いますよ。

「まだ辞めないほうがいい」人の4つの特徴

1. 今の会社から逃げたいだけの人

2. 会話の内容が他責ばかりの人

3. 「次の会社を最後の職場にしたい」と思い込み過ぎる人

4. 「目の前にあることを楽しもう」とする心得がない人

PART 3

会社を辞めない
ミドル世代の
「会社との付き合い方」

Session 7

「ライスワーク」は1つじゃなくていい

来店客 7

会社を辞めるかを10人に相談、踏みとどまった51歳

小澤尚子さん（仮名、51歳）

短大卒業後、専門商社に一般職で入社。会社の人事制度の変更で総合職になり、商品開発部や人事部などで活躍するも、会社の吸収合併によって状況が一変。徹底した成果主義に変わり、息苦しい日々を送る。そんなタイミングでの早期退職の募集に「もう会社を辞めるべきでは？」と自問自答を繰り返す。2カ月後には全く希望していない部署への異動も決まり、明るい未来が見えない……。

早期退職するか、望まない異動に甘んじて働くか…

紫乃ママ　いらっしゃい。あら、尚子さん、2度目のご来店よね。

尚子　こんにちは。もう一度ママに相談したくて、また来ちゃいました。あ、とりあえずビールで。

紫乃ママ　はい、ビールどうぞ。前回は私の連載を見て、訪ねて来てくれたのよね。会社の早期退職制度に応募するか悩んでいたのよね、確か……。

尚子　そうなんです。あのときは、私たち中高年世代をターゲットに、退職金が上乗せされる超お得な早期退職制度の応募期限が迫っていて、どうしようか悩んでいたんです。退職金の積み増しは魅力的ではあるけど、辞めてもその後の計画もないしって。紫乃ママには「本当に辞めたい人はもっと辞めたいオーラが出てるものよ。尚子さんはまだその時期じゃないんじゃない？」って言われました。

うちは夫が自営業で、新型コロナウイルスの影響で苦しい時期だったし、定期収入が途絶えるのは怖いなという思いもあって、一旦は会社を辞めるのを踏みとどまったんです。

ところがあれから大きな組織変更の発表があり、2カ月後にパワハラの噂もある上司のいる部署に異動が決まって。しかもその上司から、異動前にもかかわらず、「今後はこれまでの業務とは全く違う雑用的な仕事をやってもらうから」みたいなメールが来て、「この年でまたここからか、やっぱり早期退職制度使ったほうがいいかも」と思い直したんです。とはいえ、**30年勤めた会社を勢いだけで辞めちゃいけないと思って、分野の違う10人に話を聞きに行くことにしたんです。**それで最後はもう一回紫乃ママに！　と、今日来ました。早期退職制度に応じるかはいよいよ来週までに返事しないといけなくて。

紫乃ママ　10人に相談とはすごい行動力ね。ちなみに他の方たちはなんて言ったの？

早期退職制度は魅力的。でも、辞めるも残るも不安…

尚子　特に2人の言葉が胸に響いて。1人は、会社が契約した再就職支援エージェントのキャリアコンサルタント。「日々合わない職場で働くのは大変だと思いますよ。不安だと思うけど再就職も2回までは私たちが支援するし、あなたのキャリアなら大丈夫ですよ」と。ここで「辞めようメーター」が一気に90まで上がりました。

もう1人はなじみの喫茶店のマスターの言葉。彼には「**やりたいことが決まる前に、お金や条件を理由に辞めない方がいいよ。**人は生まれつき持っているもの、子どもの頃から求めているものがあるはず。それが何かをきちんと考えて、やると決めたら努力する。一番大事なもので頑張って積み重ねていけば人生が豊かになる」って言われたんです。

紫乃ママ　いいこと言うじゃない、そのマスター。ほれそう。で「辞めようメーター」はどうなったの？

尚子　40まで下がりました（笑）。でも、やっぱり不安。今、会社がガラッと変わろうとしている時期なんですよね。上司もどんどん外国人になって、今までの「ザ・日本企業」みたいな感じから成果主義に急激にシフトしていて。

英語でコミュニケーションができない50代以上はいらないって感じです。自分も頑張らないといけないけれど、上司とうまくやっていけるか不安だし、仕事の内容にも明るい未来があるとは思えない。**同じ部署の定年退職する先輩からは「残って頑張ってくれ」と言われるけど、正直「もうラクをしたい」という気持ちもあって。**

紫乃ママ　尚子さんが思う会社の中での明るい未来はどっちなの？「ラクをしたい」、それとも「活躍したい」？　まず、それが決まらないと、何がしんどくて何がしんどくないか分からなくなるんじゃない？

夫からは「キャリア迷子」と呼ばれ

尚子　そうですよね……私自身、グラグラ揺れていて。夫からは「お前、本当にキャリア迷子だな」って言われるんです。私、入社時は一般職だったんです。でもやりがいのある仕事がしたいって頑張っているうちに会社の制度が変わり、総合職に転換しました。それから子どもが生まれ、仕事と子育ての両立に追われて……。そんな大変な時期も一段落したし、転職するなら正社員じゃなく、給料が下がっても、やりたい仕事ならいいかなと思ったのですが、夫からは「それはありえない。転職するなら今のスキルを生かして正社員になれ」と。その選択肢もなくはないけど、**自分が心の底から転職したいと思っているわけではなくて。**今の会社で活躍したいという気持ちもゼロではないし。

紫乃ママ　まあ、旦那さんと尚子さんの仕事に対する価値観は違うんだから、自分の価値観を大事にしてよ。**尚子さんはキャリア迷子というより、ようやくこれから変化しようとしてるってことでしょ。**変化する瞬間は誰だって悩むもの。それを考えるきっかけが早期退職だったってことだから。

尚子　ちょうど考える機会を与えられたってことなんですね。

紫乃ママ　50代前半ならまだまだ次のキャリアを築けるし、仕事以外の世界もこれから広げられる。早く気づけてよかったと思うよ。ところで、次の部署の上司はそんなに厳しいの？

心の重心を会社に置き過ぎないほうがいい

尚子　これまで何人もの部下がメンタルに不調が起きて、休職になったと噂されています。ターゲットにされたらアウトだなと。一日8時間もそういう人の側にいるのは考えるだけで憂鬱です。

紫乃ママ　まだ一緒に働いてもいないのに、それだけ人を脅かせるなんてある意味すごい。まあ、傾向と対策は大事ね。話を聞いていると、尚子さんはもう今の会社で大きな成果を残したいと思っているわけじゃないんでしょ？　それなら1回スパッと切り分けてみて、パワハラ疑惑のある上司と接触しないで仕事する方法を考えたら？　ネガティブに聞こえるけど**「文句を言われない程度にうまくやる」ってことを考えるのでもいいじゃない。**

尚子　最低限やるべきことだけやるってことですよね。昔、得意でした（笑）。

紫乃ママ　そう、割り切ってね。**一度は辞めようと思った会社なんだから、半分はもう離婚したようなものでしょ**（笑）。前夫との関係より、離婚した後の自分の人生のほうが大事じゃない。お給料の分はちゃんと仕事をこなして、**心の重心をそこに置き過ぎないほうがいいよ。**思いは「次に何をするか」に傾けてみて。

尚子　なるほど。実は、今回もう1つ気づいたことがあって。自分はこれまで仕事がそこそこできるほうだと思っていましたが、**会社のありようが変わると、こんなに邪魔者扱いされるんだなと衝撃を受けました。**

人事畑を長くやってきたのでスペシャリストに近いと思っていたのに、会社に残る選択をしたら、いきなり単純作業しか与えられないポジションに回されるんだ……と。これ以上、今の会社にいても私の伸びしろがないなと改めて気づかされました。

会社のパラダイムシフトでダメ社員に転落？

紫乃ママ　それって、大事な気づきですよね。「私は不当な扱いをされている」ってことばかりを訴える人が多いけど、**尚子さんは会社が変化したってことが分かっている。**尚子さんがダメなわけじゃなく、**会社が必要とする人材やスキルが変わったんだと思う。**世の中は諸行無常、会社だって変わっていくのよ。

尚子　急速にパラダイムシフトが起き始めている会社では、ダメ社員扱いされ始めています。

紫乃ママ　自分がダメだと思わされるような場所にはあまり長居しないほうがいい。そろそろおいとまを考えてもいい時期ってことなのかもね。でも早まって、積み増し退職金をもらって会社を辞めても、次の行動が決まっていないと、お金なんてすぐ減っちゃうし、不安はどんどん膨らんでくる。旦那さんが言うように、今の会社で培ったスキルを別の組織で生かすっていうのは十分あると思う。その選択肢があるってことは心のお守りの1つになるよね。ただ、それが尚子さんが「これからやりたいこと」なのか、って考えることはすごく大事。今から半年ぐらいで準備したら？　期間を決めて準備するほうがいいと思う。例えば副業を始めてみるとかさ。

尚子　会社には30年いたからもう十分なのかも……次のステップにいくために移行期間だと思っていろいろ考えてみようかな。

ライスワークは1つじゃなくていい

紫乃ママ　そう、早期退職の募集は、神様から「次を考えなさい」っていうメッセージだったたってこと。でも調子に乗って次の準備もなしにそれに乗っかっちゃったら、辞めた途端に不安に押し潰されそうになるわよ。本当にやりたいことは何か、自分の心に聞いてみたら。

尚子　紫乃ママの『昼スナックママが教える45歳からの「やりたくないこと」をやめる勇気』を読んだんですけど、3つの場の話、「ライフワーク・ライスワーク・ライクワーク」ってあったじゃないですか（p．164参照）。私のライクワークは、20代から続けているイラストを描くこと。最近、あるイベントで似顔絵を描いたら評判がよくて、いくつも買っていただけて。イベントの第2弾も決まりました。でも、それだけで食べていけないのは分かっています。

紫乃ママ　すごいじゃない。だったらそれは、ライスワークにもなり得るライク

Check

「会社との付き合い方」を見直すために…
3つの場所を持とう

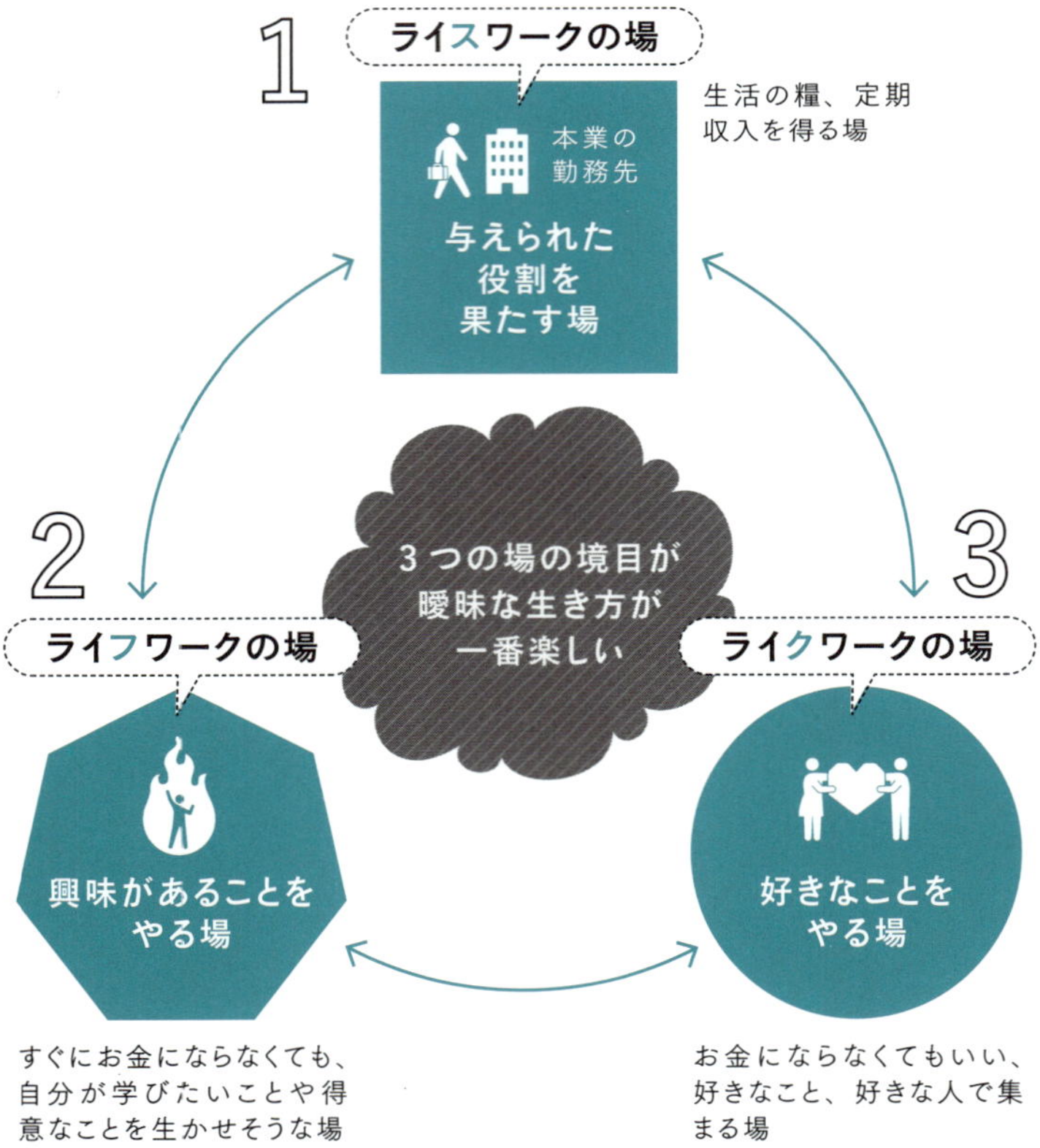

ライスワーク、ワイフワーク、ライクワークは
それぞれいくつあってもいい。3つの場を持つ
ことでシナジーが生まれるはず。

ワークかもよ。ライスワークは別に1つじゃなくていいのよ。3つくらいあったっていいじゃない。最近思うのは、ライスワーク、ライクワーク、ライフワーク、その境目が溶けてくる生き方が一番楽しい。**「好きなことで稼ごうなんて甘い考えだ」って言う人もいるけど、好きなこと「だけ」で稼ぐなんて誰も言ってないわよ。**

好きなこと「も」組み合わせて稼ぎの1つになればいいと思うのよ。続けていきたい「大事なもの」があることが大事なの。尚子さんは今まで会社で30年コツコツ真面目にやってきたんだから、そろそろタガを外すじゃないけど、自分の気持ちに向き合って、もっとはっちゃけちゃってもいいんじゃない?

尚子　そういえば、実は人生で一度は留学をしてみたいと思っていたんですよね。今度、北欧に留学した同じ年代の方の話を聞きに行くんです。

紫乃ママ　あら、やりたいことがいろいろ出てくるじゃない!　そろそろここからは自分のやりたいことを1つずつ実現していく人生にシフトチェンジして、**会**

社での時間はいろんなピースの単なる1つ、くらいの気持ちでいいんじゃない?

「おいとま」の準備をしながら、やりたかったことを始めたらいいと思う。私は尚子さんの逆で、ほんと準備しない人なのよね。座右の銘は「軽はずみ」ってくらい。だからちゃんと準備できる人を尊敬しているのよ。

尚子　そうですね。なんだか気持ちがスッキリしました。焦らず、でも期間をしっかり決めて次の道を描いていく、その準備をしようって思えてきました。豊かな人生にするために「おいとま」も含めて3つの場を考えることにします。境目が溶けてくる生き方、見つけます!

After Session 7

早期退職の募集は「次を考えなさい」というメッセージ

早期退職の募集という神様からの「そろそろ次を考えなさい」っていうメッセージに対して、尚子さんは、ちゃんと受け止めて考えてみたわけよね。その結果、会社に残ると決めたんだったら、それでいいと思う。何も考えないで、漠然と定年を迎えるよりずっといい。一度は辞めようかなと思った会社なんだから、半分はもう離婚したようなもの。**今は会社と「仮面夫婦」の状態なんですよ。**今までは会社にいろいろなものを求め過ぎていたし、もっと大事にしてくれるはずだと思いこんでいたわけですよね。

ミドルシニア世代にとって、早期退職勧告はいろいろな形で何回も来る「お知らせ」。そこで、すぐドーンと大きなシフトをする人もいれば、ちょっとずつ小さくシフトする人もいる。そのシフトの幅は、そのときのエネルギーの状態やどれだけ準備ができているか次第で変わっていいと思う。何も準備がないまま、いきなり大きくギアチェンジしたら大変だもの。アクセルとブレーキを踏み間違えて突っ込んで大失敗、みたいなこともあり得ますから。

社会は変わる、会社も変わる、自分も変わる

会社の制度が大きく変わって、ダメ社員に転落するって、本当にミドルシニア世代のあるあるですよ。スナックに同じような相談を抱えてくる人はすごく多い。でもね、会社ってそういうもんじゃん。会社は、会社という生き物がどうやって生き残るかしか考えていない。中にいる人間がどうなるかは、また別の問題よね。必要な人材だと思われたら残されるけど、そうじゃなかったら会社が生き残るためにはごめんなさいねって話になる。ＡＩだってなんだって、会社が生き残るた

めにどんどん取り入れていくしかないわけだから。

よく「昔はこんな会社じゃなかったのに……」って愚痴を言ったりノスタルジーに浸ったりする人がいるけど、そんなの20〜30年前の話でしょ。あなただって変化しているんだから、会社だって、社会だって変化するのは当然。生き残っていくには周りの変化に合わせて自分も変わっていくしかない。

でも、そういうふうに言いながら、会社の変化についていくことだけが変化じゃなくて、**ちょっと距離を置く、会社との付き合い方を変えるのも自分にとっての変化だよね。**そういう変化の仕方を、自分で意識をしていくことは、人生中盤以降にすごく大事だと思う。昔と同じように頑張っていると思っていても、体力やできることは変わってきているでしょ。何度も言うようだけど、会社との距離感はちゃんと考えたほうがいい。だからこそ、自分がいる会社っていう「箱」を利用するぐらいの気持ちでいないと、対等な関係じゃないよね。自分を防御するためにも、会社との距離感を変えていくとか、違う居場所をつくっていくとか、別の稼ぎ口を1つつくるとか、なんでもいいから準備していかないと。でも、変わらないほうが楽っていうのもあるかもしれない。「仕事で忙しい」「会社がこうしろって……」って言っていれば誰も文句を言えないからね。ただ、そうやってずっと依存し続けていると、いつまでも会社に振り回されちゃう。

「その会社、あんたの会社なの？」

会社との距離感を変える方法の1つとして、彼女の場合は昔から好きだったイラストに関するサードプレイス的なものを見つけた。それが、「ライフワーク」であったり、「ライクワーク」であったりする（p．164参照）。彼女が会社と関わる濃度を変えたように、仕事以外で、自分が時間を費やして、心から喜べるようなことがあるなら、その時間をもっと増やしていけばいい。それが、お金になるかならないかは、タイミングとか運もあるからね。

会社に依存してしまうのは、本人だけのせいじゃない。会社もずっと依存させてきているんだから仕方ないですよ。子離れ、親離れと同じで、どちらかの思いが一方通行なのはつらい。うまくマインドを切り替えられた人は、会社で不遇になっても、自分を見失わないし、本当にやりたいことに目を向けられると思う。だいたいみんな会社のことを思い過ぎだよね。**そういう人にはいつも「あんたの会社なの？」って聞くの。**自分の会社だったらそれでもいいけど、究極、人の会社でしょ？　今まで頑張ってきて、ちゃんと会社に恩返しはしているし、それに見合う対価を互いにやり取りしてる。だからそんなに犠牲的に愛を注がなくてもいいじゃんって。

「仕事が好き」と「会社が好き」は違う

「仕事」を選んでいるのか、「会社にいること」を選んでいるのかでは、同じことをやっているようでずいぶん違う気はします。仕事はある程度自分でコントロールできるけど、会社は自分でコントロールできない。会社や組織が変わっても「この仕事をしたい」って思えている人は、柔軟性をもって変われるんだけど、やっぱり少数。日本の多くのゼネラリストは、「会社」にいるほうを選んでしまう。

よく、自分はいろんな部署にいたから、「潰しが効かない」「これといった専門性がない」っていう人は多いけれど、**これまでにやってきたいろいろな仕事を通して一貫して自分が習得してきたものが絶対にあるはず。**専門職とまではいえなくても、これができる、こんなことは得意だっていうものを見つけて、自分のやってきた仕事をしっかりと言語化したらいいと思う。「今、自分は、誰のために、何をしているのか。そのなかで何を培っているのか」を考え続けること、働くことに対して、いかに自律的であるか、意識的であるかはとても大事なことです。

紫乃ママpoint

社会も、会社も、自分も変わる
会社という「箱」を
利用する気持ちで働こう

Session 8

「女性活躍」の被害者、激白

来店客 8

大企業の本音と建前に翻弄された45歳

上原由香さん（仮名、45歳）

大学卒業後、大手企業に入社。20代は地方支店の営業部で働き、30代で東京本社に異動。同期女性トップで課長に昇進した。42歳のとき、総務部のダイバーシティ担当に。会社の「表の顔」と「裏にある本音」とのギャップに3年間悩んだ末、配置換えを希望。総務部から離れて半年が過ぎた。

私って「女性枠」なんだと気づかされた

紫乃ママ　いらっしゃい、あら由香さん。

由香　お久しぶりです。やっと総務部から別の部署に異動できました！

紫乃ママ　なんだか少し元気になったみたい。由香さん、苦労していたものね。

由香　総務部にいるときはずっとモヤモヤしていました。希望して女性活躍推進の担当になったわけでもないのに、部長や役員から「子どもがいないのに、なんでおまえがそのポジションなんだ？」って言われたんです。

紫乃ママ　その発言のデリカシーのなさ！　マジでひくわ。いまだに女性活躍って、子育てしながら働く女性の両立支援だけだと思っているおじさんがいるのよね。しかも、本人に直接言うってさぁ、いい根性してるわ。

由香　「こいつには言っても大丈夫だろう」って思ったんでしょうけど。いまだにプライベートはどうなんだ？　って詮索もされます（笑）。

紫乃ママ　うわ、それ、アウトなやつよね。由香さんの会社って外から見ると「女性が働きやすい会社」っていうイメージがあるのに。

由香　上層部は「女性が働きやすい会社ランキング」みたいなのを異常に気にしていますね。ランキングの上位に入らないと上司から怒られます。特に同業他社には負けるなって。

男女の賃金格差を数字で公表すると決まったときも（編集部注：2022年7月に女性活躍推進法が改正され、従業員301人以上の企業には男女の賃金格差公表が義務づけられた）、なんとか格差を目立たないようにするための策を考えろと。「男性だけに支給される○○手当を数値に反映させないようにできないか」とか。他社のD&I担当と話しても、結局みんないかにD&Iの指標になる数値を上げるかばかり考えさせられています。要は数字のつじつま合わせです。

紫乃ママ　男女の賃金格差や女性管理職比率を公表しても、本質を変える気はない、と。今どき男性だけがもらっている手当とか、意味不明……。

由香　**そういう手当をなくすと優秀な人が入ってこないからって。優秀な人＝男性みたいです。**

紫乃ママ　ええ？「優秀な人」に女性というカテゴリーは存在してないのね。D＆I専門の部署をつくっていても、そこに配属された人達がD＆Iの本質を理解しない、学ぼうとしない会社はうまくいっていないところが多いのよね。推進側が「やらされ感」で動いてうまくいくはずない。

「女性人材がいない」という伝家の宝刀

由香　私の会社は女性管理職比率を上げるのに必死ですが、ほとんどが課長止まり。部長はポジションも少ないので、女性が入ってくると男性のポジションが減ります。部長以上の女性はほとんどいないのですが、必ず出てくる言葉が「女性のリーダー候補がいないから」。

紫乃ママ　出た！　伝家の宝刀、「女性に優秀な人材がいない」。育てる気もないくせに！　**ボーイズクラブを脅かさない範囲で女性の初級管理職がいればいいって思ってる。**それで管理職のパーセンテージは確保できるもんね。

由香　**社長も役員も、幹部候補になる優秀な男性部長の名前は全部頭に入っているんです。でも社内のどこに優秀な女性がいるかは全く知られていない。**よく「女性のリーダー候補のリストをくれ」と言われるんですけどね。なかなか昇進には結びついていません。

女性活躍推進は「女性による女性のための取り組み」だと思っている人が多過ぎるんです。現状はそのレベルでＤ＆Ｉが全く浸透していないのに、「Ｄ＆Ｉがだいぶ浸透してきたから社外にもＰＲしよう」って指示が飛んできたことも。企業プロモーションに結びつけることを考えろと。

紫乃ママ「浸透してきた」、と。その会社の中でどう上がっていくかしか考えていない男性にとっては、D&Iと言われても目標数字以外は自分ごとじゃないのよね。

由香　自分たちは大企業のエリートでメジャー級のメジャー。だから、マイノリティーである女性をどう受け止めてあげるかだって考えているみたいです。女性を明らかに下に見ているし、女性の力を全然信じていない。俺たちは選ばれているっていう変な自信があるんです。

紫乃ママ　由香さんの業界の人事・管理部門ってエリートコースに乗っている人が行く部署だものね。だから彼らはエリートのなかのエリートって意識なのよ。

由香　みんないい人で常識もあるけど、常識があるからこそ罪だなって。**息を吸って吐くように女性を差別しています。**

紫乃ママ　由香さんの会社と似た大企業で講演させてもらったときに感じたんだ

けど、中堅の女性たちがすごくモヤモヤしているのよね。

諦めてしまう大企業の女性たち

紫乃ママ　職場環境がよくて上司も優しい、でももっと仕事を与えてほしいって、みんな言うんだよね。やりたいことができない、それが苦しいって。講演後のアンケートを見ても、「上司にもっと自分の意思を伝えていいんだと気づきました」とか、女性たちがみんな奥ゆかしい。**企業がそういう「わきまえた人」を巧みに採用し「わきまえ力」を社内文化として強化していると思う。**男性も女性たちを守ってあげなくちゃいけないっていう発想。だから元気な女性はなかなか入ってこないし、上昇志向が強い女性はいづらくてやめてしまうのかもしれないよね。

由香　女性社員の側もいろいろで。頑張りたいというマインドの女性もいるけど、私はこの程度でいいんですっていう人もやっぱり多い。みんな優秀なのに、どこかで諦めちゃっていると思います。私の世代ぐらいから女性活躍の波が起き始めましたけど、その上の50代は波にも乗れない。

紫乃ママ　私が講演をした企業の女性たちも優秀でやる気もあって、頑張っているのにアピールしない。だから評価されない人が多い印象だった。

由香　適切に伝えるって大事ですよね。20代の頃、営業成績が同じくらいの同期女性が私より先に昇格したことがあったんです。その理由を上司に聞いたら、私がやったことがちゃんと伝わっていないって言われて。アピールするというより、自分のことを正しく知ってもらう努力はしたほうがいいよって。**正しく評価されるためには自分から伝えなくちゃいけないんだなと学びました。**

紫乃ママ　頑張っていれば誰かが見てくれているってわけでもないからね。みんな自分のことで精いっぱい。

由香　上司も遠慮して女性には仕事を振らなかったり、「女性にこれをやらせるのは荷が重いんじゃないか」って考えたりしている人も多い印象です。

紫乃ママ　やりたいかどうか聞けばいいし、やってみたらって背中を押してあげればいいのにね。勝手に決めちゃうんだよね。

健全な危機意識を持つ人の少なさ

紫乃ママ　やっぱり、由香さんがいるような大きな組織がドラスティックに変わるには、組織のトップが女性の活用に本気にならないとダメってことよね。

由香　そうなんです。ボトムアップで言い続けても変わらない。社長が本気でやれと言えば、役員や部長たちはびっくりするくらいすぐ動きますからね。すごく熱い思いを持ってD＆Iを担当している他社の人にも時々会うんですが、社内や上層部からはなかなか理解されていない。そもそも会社が本当に変わらないとまずい、という健全な危機意識を持っていない人が多いんですよ。

紫乃ママ　なるほど。いちいちその通り。来世持ち越し案件にしないためにも、やっぱり今から変えていかないとね。

由香　私もD＆Iの仕事は好きでしたし、なんとか風穴を開けたいと使命感に燃えていたんですけど……。後任には手綱を緩めないようにと託しました。ここ数年は変化がありましたが、戻るときはあっという間ですからね。日本の大企業のオジサマたちをいかに変えるかが、ホントに肝だとつくづく思います。

紫乃ママ　同じような人たちが同じような思考回路で物事を決めて、由香さんは腐らずに今回学んだことを自分の糧にして、したたかにどんどん現場で好きなことをやっていってよ。そういう背中を見せることが結局一番周りを動かしていくと思う。由香さんジュニアをたくさん生み出して「子どもがいないのに……」とか言ったオッサンに倍返しだ。あ、古いけど。

After Session 8

「女性活躍」の本音と建前が女性たちを苦しめる

会社の本音と建前のズレが、社員たちを苦しめていることはよくあるのよね。

「女性活躍」を掲げながら、実際にやっていることは全く違う。この狭間で苦しむ女性は多くて、由香さんはその典型。ダイバーシティ担当として女性活躍を推進する部署に異動になったことで、会社がいかに本気じゃないかが見えてしまって「自分は何をやっているんだろう?」という気持ちになったのよね。そこまでして、女性管理職とかの「数字」を整えにいく、大企業の組織的な怖さを感じました。障害者雇用に関しても同じで、2024年から法定雇用率が段階的に引き上げられることでどうやって数字を「整えるか」にどこの企業もやっきになっている。全く内実が伴わないダイバーシティですよね。

嫌な場所から、挙手をして逃げてみる

由香さんの場合、**会社の本音と建前のギャップに気づいたから、「同じ会社の中で居場所を変えていく」という次のステップに進めた。**時には逃げることもすごく大事でしょ。今の部署が嫌だから会社を辞めたいっていう人は結構いるけど、「ちょっと待って！」と思う。異動願いを出したら通るかもしれないし、通らなくても何かが変わるかもしれない。例えば本社のド真ん中にいてプレッシャーを感じてしんどいとき、隣の県の支社にでも行ったら、空気が変わるかもしれない。あるいは今が営業でしんどいんだったら、営業企画みたいなところに行きたいと言ってみる。言うのはタダだから（笑）。「ここが嫌だから」じゃなくて、「ここでは自分のパフォーマンスが十分発揮できないから、〇〇に行ったほうが会社に貢献できます」って言い方をすればいいじゃない。ただ我慢しているだけじゃな

くて、自分から手を挙げて逃げるのよ。

自分の周りの半径5mだけを見て、「もうこの会社は駄目だ」って思うのは早い。会社が希望を聞いてくれるかどうかは、企業の体質や度量、状況にもよるから、うまくいくとは限らないけど、**辞める前にちょっと冷静になって、今の会社でやれることをやり尽くしてからでも遅くないと思う。**由香さんがいる大企業のメリットは、逃げ場所がいくつかあるところ。ポジションがどうとか考えずに、違う部署に逃げ込むのもありだと思う。逃げた先でもダメだと思ったら、ある意味、諦めがつくじゃないですか。

よく「職場ガチャ」「上司ガチャ」って言うけど、世の中なんて全部ガチャじゃないの。自分でコントロールできることのほうが少ない状況で、どうやって自分が思う方向に駒を進めていくか。そこが醍醐味ですよ。できることは絶対あると思う。それをまずはやってみたっていう好事例だと思います。

「辞めるのはもったいない」って言うけど、何が？

大企業を「辞めようかな」って言うと、「もったいない」って返ってくることが多いみたいだけど、私にとっては「何がもったいないの？」ってシンプルに疑問。私は、逆にその立場になれない、その経験がないからかもしれないけど、私にとって**「もったいない」の基準は、自分の時間を自分でコントロールできないこと。**そういう意味でできることをやり尽くした後で、辞める理由がしっかりある会社を辞めることのもったいなさがピンとこないのよね。

会社にいて苦しいなら、辞めてこれから先の時間を自分が好きに使えるほうがいいんじゃないのかなあ。どうせ死ぬまで同じ会社に勤め続けるわけじゃないんだからさ。**たかだか定年より少し早く辞めることのもったいなさって、1ミリも分からない。自分の気持ちに蓋をして、その狭間で苦しみながら働くことのほうがもったいなくない？**　時間は有限よ。

紫乃ママpoint

世の中はすべてが「ガチャ」
辞める前にできることを
やり尽くそう

Session 9

日経新聞を読むのがツラいと感じたら…

来店客9

出口治明さんに憧れるのをやめた56歳

高梨博さん（仮名、56歳）

大企業に入社してエリート街道まっしぐらだったが、38歳で初めての転職に失敗。新卒時の会社に出戻ってからはキャリアが暗転し、出世コースから外れた会社員生活に。学生時代の友人にはエリートが多く、日経新聞に活躍ぶりが載っているのを見ては「自分ももっと大きな舞台で活躍できたかもしれないのに」という苦い思いが募る。とはいえ、勤めている会社は安定していて好待遇。定年を延長して会社に残るか、違う道を進むのかを考える日々。

「会社員としてはもう終わり」と宣告された気分

紫乃ママ　いらっしゃい。あら博さん、お久しぶり。元気にしてました？

博　元気ですよ。仕事で最近は九州を飛び回っています。ただ、４年後には還暦。やっぱりいろいろ思うところがあって……。これまでの人生、僕はすごく真面目に生きてきました。**ずっと「must（やるべきこと）」を軸に生きてきたから、「want（やりたいこと）」ってほとんど考えたことがないんですよ。**学生時代は誰から命じられなくとも「当然、勉強はすべきもの」で、高校も大学も難関校に入って、疑問を持つことなく大企業に。38歳で転職するまでは、同期でもほぼトップの成績で出世街道にしっかり乗っていたように思います。ずっと達成欲に引っ張られて生きてきたんです。

紫乃ママ　ひゃぁ、すごい。絵に描いたようなエリート街道。ずっとトップってなかなかできない。そのエリート博さんが転職とは。転職したのはなんでです？

博　その転職も僕の中ではｍｕｓｔの延長線上にあるんだけど、さらに「達成欲」を満たすために挑戦したいことが見つかったんですよね。ところが結果的には、人生初の大きな挫折になりました。転職後しばらくたったらリーマン・ショックが起きて、転職先の会社が大きく傾いてしまって。元の会社の上司が「戻ってこい」と言ってくれたのを渡りに船だと思って戻ったんだけど……。その上司がすぐに辞めてしまって、状況が一変。

転職前は同期のなかで先頭を走っていたのに、最後尾の平社員から再スタート。大企業は後ろ盾がないと出戻り社員にびっくりするほど冷たい。覚悟はしていたものの、ここまで冷遇されるとは思いませんでしたよ。

でも、**同期が出世することよりもつらかったのが、学生時代の友人がどんどん偉くなって活躍しているのを見ること。**日経新聞を開いたら、友人の名前が何人も出てくるの。今の仕事も楽しいんだけど、自分もたぶん、そういう（新聞に載るような）活躍をしたかったんだろうなぁという思いがあって。

紫乃ママ　大きな会社に戻れただけでもすごいし、もともと優秀だからある程度のところまでは追いつけているのに。それなのに友人の活躍を知ると敗北感を持っちゃうの？　まあエリートのライバルはエリートか。

博　正直、年を重ねるごとにより大きな仕事、社会的にインパクトを与えられる仕事ができるようになっていくと思っていたんでしょうね。「自分は何をやっているんだろう」って感じることが今でもあって。コースから外れてしまった56歳の自分に昇格の芽はない。つまり、今後は大きな責任ある仕事を任されることはない。昇格どころか、会社には仕事を手放すように言われて年々業務が減っているし、今の担当だっていつ外されてもおかしくない。**まだ自分は大きい仕事ができるのに、会社員としては「もう終わりです」と宣告されている感じで。**「定年延長しますか？」と聞かれるような研修も入ってくるんですよ。

目標を設定する自由さえ奪われた気がする「役職定年」

紫乃ママ　俗に言う〝たそがれ研修〟ってやつね。「そろそろ自分の道を考えて」「雇用延長するにしても能動的に働いてくれないと困る」なんて言われて。これまでは、優秀な会社員として敷かれたレールの上を脇目も振らずまい進してきたのにね。

博　「役職定年」って、会社員として目標を設定する自由すらなくなる気がするんです。それがなんか、しんどいなって。**ある日突然、mustじゃなくてこれからはwantで動けと言われてもね。**

紫乃ママ　この前いらっしゃったとき、友達の会社を手伝っていてそれが楽しいっておっしゃっていませんでしたっけ？

博　昔より忙しくなくなったので、より友達との関係が深まっているんですよ。

友達の会社をサポートすると喜ばれるし、今の仕事の縁を生かして転職活動のサポートをしてあげることもある。実は明日も友達の会社のプロジェクトを手伝うために、九州に行くんです。個人ベースでプロボノとしてやっています。そういう活動にはかなり時間を割いていて。

紫乃ママ　それこそｍｕｓｔとは違って、博さんのｗａｎｔをベースにやっている活動ですよね？　普段は本業で使っている頭を親しい友達のために使ってる。**自分が持っているスキルや知識を横スライドしているのは、これまでとは違う軸だし、まさに定年後の準備段階じゃないですか。**

不遇とはいえ、捨てられない好待遇

博　そうとも言えるんだけどさ。もっと難しいこと、規模の大きなことにチャレンジしてクリアしたいっていう願望が捨て切れないんだよね。昔、**「俺たちが偉くなったら日本をどうするか？」なんて熱い議論をした仲間たちが日経新聞に載**

るような活躍をしているのを見ると……。

紫乃ママ　また日経新聞（笑）。そこまでチャレンジ精神があるなら会社から飛び出して働く道を考えることはないの？　起業とかさ。

博　そこがまた問題でね。今は会社の中では不遇だとはいえ、収入的にはものすごく安定しているんですよ。安定したベースがなくなったら、もっと真剣にならなきゃいけないと思うとね。まだ子どもの学費もあるから。

紫乃ママ　プロボノは、そこまで真剣にやらなくてもサラッとやれちゃうってことか。さすがです。

「喜びポイント」を変えていかないとしんどい

紫乃ママ　本当に今までと同じ収入がこれからも必要？　みんなそこの計算がけ

っこう雑なんですよね。生活レベルが変わることに対して恐怖感があるけど、今、それを維持するために犠牲にしていることが山ほどあるでしょうって。どんなに会社にしがみついたって、55歳を過ぎたら大きく変化するのが当たり前なんだから。自分の「喜びポイント」を変えていかないと、しんどいんじゃないですか。

博　確かに……僕自身は全然お金を使わないんだけど、子どもが病気がちで。子どもにはしっかりとお金を残してあげたいと思うんですよね。

紫乃ママ　なるほど。でも子どもに残せるものってお金だけじゃないでしょう。それに、会社に与えられるmustではなく、ご自身のwantも踏まえた「生業《なりわい》」っていうものを始めて長く続けられれば、将来的には例えば子どもと一緒に働ける可能性だってあるじゃない。少し先を見て給与所得者じゃない道だって見えてくるかもしれない。そこをあと4年で考えていけたらいいですよ。

博　確かにね。幸いいろんな友達と楽しい活動というか、手伝うと喜んでもらえるようなことがあるから。続けていけば、もっと世界が広がりそうだとは思うんだよね。これまでは「やるべき仕事」としてだけやっていたから、大きなプロジェクトにつながることだけに領域が限定されたのが、幅が広がっている感じはする。とにかく昔より時間に余裕があるから（笑）。

紫乃ママ　ずっと組織に従ってきた人は、自分の時間ができると何をすればいいか分からなくなったり、〝求められてない感〟を持ったりして自己肯定感が低くなっちゃう人が多い。頭を切り替えて、その隙間を埋めていくアクションを取れるのはすごいですよ。

博　暇が嫌いなだけですよ。人の役に立っている感じがしないのも嫌で。

人に「ありがとう」と言われることをしよう

紫乃ママ　ちょっと前に来たお客さんでね、博さんと似た状況の方がいたんです。その方は、仕事が減って浮いた時間で、これまでと全く縁のなかった分野の資格取得の勉強を始めたんですよ。それ自体は素晴らしいと思うんだけど、話を聞けば、いくつもの学校や資格取得の講座とかに通ってインプットばかりしてる。でも、アウトプットもしないとそれがモノになるか分からないじゃない。これまで何十年と社会人をやってきた蓄積もあるんだからさ。勉強もいいけど、同時に人に「ありがとう」って言われることも積極的にやったほうがいいですよとお伝えしたら、「その発想はなかった」って言ってた。

博さんは、これまで巨大プロジェクトを率いて、もちろん「ありがとう」って言ってもらっていたと思うけど、その人の顔は見えづらかったでしょう？ **いま手伝っている友達の「ありがとう」の顔は見えやすいじゃないですか。**それに、ネットワークはすごくあるんだからもっともっと広げたらいい。人生のフェーズは変わるんだしね。エリート街道を卒業したミドルシニアの新しいタイプのロールモデルになってよ。

「誰と仕事したいか」を忘れがち

博　これからはキャリアを「ｗａｎｔ」で考えなければって言ったけど、**実は「コトのwant」じゃなくて「人のwant」が大事なんだってことに最近気づいたんだよね。**今プロボノで手伝っているプロジェクトも、全部好きな友人がやっていること。だから助けたい。若い頃はそういう発想は持てなかったなあ。

紫乃ママ　冷徹なエリートは「人情」には左右されなかったと。いや、冗談です。いいじゃないですか、「人のｗａｎｔ」最高よ。私ね、最近セミナーでミドルシニア向けに「これからの働き方を選ぶための3つの入り口」について話すことがあるの。入り口の1つ目は「何を実現したいか」、2つ目は「自分が持っているスキルをどう使うか?」。そして3つ目は「誰と仕事がしたいか」。

3つ目の「誰と仕事がしたいか」って会社員生活が長い人は、みんな忘れてるの。例えば気が合う人がいてさ、「この人と何かやりたいから一緒に会社をつくろう」ということがあってもいいし、いいなあと思う中小企業の社長に出会って「この社長の人柄が好きだからこの会社に入って支えたい」と思ってその会社に入るっていう選び方があってもいい。

会社員をやっていると上司も部下もお客も選べないしね。一緒に働く人は選べないって思い込まされちゃうのよね。でもそこに気が付いて、会社以外の場で一緒に働いていて心地いい人を見つけ始めている博さんの未来は明るいですよ。

博　それだけ、とも言えるんだけどね（笑）。

紫乃ママ　いやいや、すごく大事なことですよ。年が若いうちは、自分と合わない人とでも自分の幅を広げる意味でどんどん仕事上付き合っていくことは大事だけれど、人生後半になってあまりにも合わない人と仕事するのはストレス以外のなにものでもない。続かないわよ。

私なんて相手がお客さんでも「この会社（この人）と考え方合わないわ」と思

ったら「ちょっと力不足で」なんて言って仕事を断っちゃう。自分の時間がもったいないもん。報酬の問題じゃない。おこがましい話だけどさ、**人生後半になればなるほど時間の価値は上がるんだから、合わない人と付き合ってる時間なんてない**わよ。

博　そうだよね。しかも、好きな人とのプロジェクトだと、やっていて楽しいんだよね。経験を提供しているだけなのに、喜ばれる。自分が好きな人たちを喜ばせるって、すごく幸せなんだって気づいたよ。でも、本当にしつこいんだけど、やっぱり日経新聞に載っている友人の活躍ぶりを見ると、「なんで俺は……」って。

紫乃ママ　出たっ！　3度目の日経新聞（笑）。その価値基準はどうしても残っちゃうのね。でも、新聞に載っている輝かしいキャリアの人たちがみんな幸せとは限らないでしょう？

まあでも博さんにとっては「日本を動かしていたかもしれない自分」という像が見えたことがあるのがつらいのかもしれないわね。知ってしまった不幸っていうか、それに手が届いたかもしれない距離にいる不幸ってある。ただ、**先生や社長や会長なんて呼ばれる人生から降りられない人の行く末もまた不幸かもしれないし。**人生で経験する立ち位置ごとに目線を変えられることのほうが大事だと思いますよ。

博　そうですよね。ポジションを外れた瞬間に、周りに誰もいなくなったってい
う寂しい人もたくさん見ているし、肩書が本当の実力とは限らないし。分かってはいるんだけどね～、しみついたものの考え方がなかなか抜けないんだよね。でも、徐々にシフトしていかなきゃね。

異動願を出す、断る＝敗北だった

隣の女性客　すみません、ちょっといいですか。ずっと隣で聞き耳を立てていたんですけど、最初に博さんが「これまでｍｕｓｔしか考えたことがなかった」っておっしゃったことにまだ衝撃を受けています。私、42歳なんですけど、仕

事ではほぼｗａｎｔだけ考えて生きてきたかもしれません。

紫乃ママ　今の50代ぐらいで優秀と言われてきた男性ほど、**見えない何かを背負わされて、いや自ら背負いこんで、ほぼ無自覚にレールの上を走らされてきたと思いますよ。**組織からの命令を断るなんて頭にない。だから女性が昇進を断ったりすると「なんでわがままを言うんだ」となる。いやいや、自分で自分のキャリアを決めているだけでしょって。それを言うと「なぜ自分で決めるのか？」「会社が決めることだろう」となるのよね。

博　僕はどちらかというと、そういう考えの人間でしたね。**僕からすれば、例えば異動願を出すことは、そこの部署に不適合だっていうのを自分で認めているということ。**それはもう敗北ですよね。

隣の女性客　え、何に敗北？　ちょっとよく分からないです……。

紫乃ママ　ｗａｎｔが存在しないワールドがあるのよね（笑）。

「働かないおじさん」って呼び方が嫌い

博　**本当に真面目に生きてきた人ほど、mustしかなかったんですよ。選択肢はない。だからいきなりwantで生きろと言われても困ってしまう。**定年間際のたそがれ研修とかでいきなりキャリアの自立を考えろと言われても、って困惑している僕たち世代はものすごく多いですよ。

紫乃ママ　そうですよね。最近よく考えるんだけど、やっぱり私は「働かないおじさん」という呼び方がすごく嫌いで。会社のルールが変わっていることをしっかり説明しないで、しかも移行期間もないまま「あの人たちは働かない、ルールを分かっていない」って批判するのは違うだろうって思うんですよね。だって**長い間会社に従うことだけを強要して、価値基準を押し付けてきた**わけだからさ。急に変われるわけがない。

博　やっぱり、日本の企業に「定年」があるのがダメだと思う。年齢差別だし。

50代から大企業の世界でやり直す道なんて、今は存在していないですから。定年を全廃して、実力に応じてやり直せる社会にすべきだよね。

紫乃ママ　きっとその制度も変わっていくだろうけどね。今は「雇われる側」だと難しいから、起業して自分で実力次第で働き続けられるルールをつくるしかないかもしれないね。

60歳からの逆襲！　出口治明さんに憧れて…

博　実は、ずっと出口治明さんに憧れていたんですよ。**出口さんは、真面目に生きてきて挫折した人の憧れなんです。**彼は日本生命では役員になれなかった。だけども、日生を退社した後に60歳でライフネット生命を立ち上げて大きくした。

でも、それはやっぱり出口さんだからできることなんですよ。それなのに「60歳から復活のストーリーがある」「もう1回人生がやり直せるかもしれない」とみんな憧れてしまう。僕もその一人なんだけどさ（笑）。**出口さんを目指すと、この先も苦しいなと思っちゃうわけ。**結局は「エリートとして復活に成功」という「達成欲」が満たされるのを求めて生きる道だからさ。それはもうしんどいから、最近は出口さんの本を読むのをやめたんだよね。

紫乃ママ　なるほど。**「勝者も敗者もない世界」とは思わないわけですね。**出口さんを目指さないとはいえ、明日も休日なのに朝5時起きで九州に飛んで友人の仕事を手伝うんでしょう？　しっかり一歩を踏み出せていますよ。博さんの能力を欲している人、求めている人は世の中にいっぱいいると思いますよ。

これからどんなネットワークをつくっていくか、「お金の報酬」以外にも「心の豊かさという報酬」「人脈の報酬」もあるし。定年を見越してどんどん活動の幅を広げていってください。博さんを待っている人はたくさんいると思いますよ。

After Session 9

「これからの働き方」は3つの入り口から考える

この前「いい大学を出たんだけど、今は専業主婦。思うような仕事に就けない」という50代の女性からの相談があって。「いい学校を出た」っていうプライドを捨てられない、と。でもね、大学を卒業したのってもう30年以上前の話でしょって。その30年間、たくさんの経験を積んできたはずなのに、なんでいまだに学歴のところに戻っちゃうのか。

博さんも同じで、50歳を過ぎても学歴とか、同級生の活躍がまだ気になってるのよね。もちろん学歴は自分が勝ち取ったものだし、自分のマイルストーンの1つとして誇りを持つのを否定はしない。でも過去のことは、もういいじゃんって。そこからの挫折も含めて、積み上げてきたもののすべてが立派なキャリアだから。転職に失敗したとしても、失敗からつかみ取ったものを自分の中でしっかり言語化しないと経験にならないと思うんです。**結局、今がよければ、失敗も含めて必要だった経験、今に至る道になる。**だから今、意地でも生き生きしてないと。みんなが評価するのは、まさに「今」のありようだと思うのよね。そこを勘違いしている人が多いんじゃないかな。

それ相応に年を重ねてきているんだから、これまでの自分の選択とか、生き方にまず自信を持ってあげないと、誰が評価してくれるっていうのよ。周りの目線や過去の自分に引きずられて、今の自分を認められないのは、やっぱり苦しいよね。博さんは、少しずつ自分が楽しい、やりがいを感じるところを見つけ始めようと動き出していた。「ｍｕｓｔ（～すべき）」という言葉には、会社や人っていう他者の姿が見えるし、自分の介在が少ない。ｍｕｓｔが大事な場面があることは分かるけど、何をやるときにも人には「ｗａｎｔ（私がやりたい）」がないと、しんどいし続かないよ。限られた人生の中で、人の評価ばかりを気にして生きるのは、本当にもったいないと思う。

出口治明さんの「あり方」

文中に60歳を超えてからライフネット生命保険を創業された出口治明さんの話が出てきます。大きな会社を経た後に起業、大学学長に就任するなど、もうひと花、ふた花咲かせていて憧れたけど、自分はそうなれないと悟って著作を読むのをやめたと。

私、この話を聞いたときに少し驚いたのよ。私も出口さんは大好きな方で尊敬していたんだけど、博さんとは全然観点が違ったの。出口さんは繰り返し「**人生を豊かにしていくのは、人、旅、本。面白い人と会い、さまざまな場所を訪ね、本に親しむことだ**」っておっしゃっていて、私はそこにずっと共感していたの。会社員としての出口さんのキャリアには実はそれほど関心がなかった（笑）。人間は仕事をするためだけに生まれてきたんじゃないもの。でも、あのハードワークのなかでも、人生の豊かさを追求することを見失わず、いや、それを楽しめていたからこそ、あのような機会をつかまれたんじゃないかと思う。

私が出口さんをすてきだなと思うのは、**サラリーマン生活の後にひと花咲かせたことよりも、がぜんその「あり方」なんですよ。**さらに、人間理解のためには歴史を学ぶことが一番なんだってずっと唱えられて、歴史を研究されたり、ご自身で歴史書を書かれたりしています。博さんも出口ファンだったかもしれないけど、私なんか出口さんの世界5000年史講義、半年間受けていたんですからね。悪いけど私だって筋金入りの出口ファンですよ。でもそれは肩書として会社員から起業家、教育者の頂点となったという表層的なものではなくて、どんな状況にあろうと、フラットに気軽に若い人に会い、応援し、旅に出て、学び、今は病気とも共にありながら、人生を楽しんでいる姿。それが私たちを励ましてくださると思うんです。ああ、熱く語ってしまった。

これからの働き方を選ぶ3つの入り口

人生後半を迎えて**「これからの働き方を選ぶ入り口」には3つあると思っていて。1つ目は「何を実現したいか」**。「何をやりたくないか」で考えてもいい。「もう朝7時半に満員電車に乗りたくない」、とかね。嫌なのも含めて考えてみる。小さなことでいいの。**2つ目は「自分が持っているスキルをどう使うか」**。今まで生きてきたなかで、いろんな経験とかスキルを持っているでしょ。そこから、自分の必殺技みたいなものを1個でも2個でもいいから挙げてみてよ。**3つ目は、「誰と仕事がしたいか」。意外にこれを見落としがちな人が多いんですよね。**

人生前半の配属ガチャは、会社員の醍醐味の1つ

若いときは「このクソ上司め」って思っていても、後で振り返れば、いい反面教師だったと思うことがあるじゃない。それって**会社に未知のガチャがあるから**

Check

これからの働き方は「3つの入口」から選ぶ

1 何を実現したいか

▶ あなたがやりたいことは何ですか？
「何をやりたくないか」で考えても OK

2 自分のスキルをどう生かすか

▶ あなたが培ってきたスキル、
特技は何ですか？

3 誰と仕事がしたいか

見落としがち！

▶ どんな人と仕事をすると
「楽しい」「心地いい」と思い、
「やりがい」を感じますか？

経験できることなのよね。私は経験至上主義だから、ガチャもサラリーマン生活の醍醐味の1つとして楽しんだらいいと思ってる。実際、自分もそうだったもの。逆に、「この会社にいたからこの人と出会えた」っていう希有なすばらしい出会いだってある。それは、自分でコントロールできない会社という組織にいるからこその面白さでもありますよね。どういう人と仕事したいかは、いろいろ経験してみないと分からないですし。嫌だと思っていた人がずっとお付き合いが続く仲間になったりもする。

でも、人生も後半になってくると、人に翻弄されるのにだんだん疲れてくるでしょ。さすがに、次に誰と会うか分からない「相席屋」に行くのって、もうしんどいじゃないですか。**だから、「誰と仕事をしたいか」を考えることは大事だと思うの。人生の前半が会社ガチャを楽しむ時間だとしたら、後半は自分で選んでいく時間。**どんな人といるときに、自分が楽しいな、心地いいな、仕事のやりがいを感じるな、と思うかを考えてみて。

お金や地位じゃない「仕事の報酬」を考える

高梨さんは、会社に異動願いを出すことを「敗北」と感じていました。やっぱりそれは会社に〝洗脳〟されていたんでしょうね。会社っていう組織は、誰もが上を目指すことを前提に仕組みがつくられている。出世コースに乗ったとか乗らないとかってよく言うけど、誰もがそれを目指さないといけないっていう思い込みの部分もあると思う。だって別に「出世しないといけません」って就業規則に書いてあるわけじゃないのに。でも大企業であればあるほど同調圧力もあって、成功したい願望とか、昇進したい願望をなかなか払拭できないものよね。特に男性は「より稼ぐべき」「より高い地位を目指すべき」ってずっと刷り込まれてきているから仕方ない面もある。自分たちが生きている世界のルールがすべてだと思いこまされているのよね。**キャリアを縦に伸ばす以外のイメージがうまく持てていないし、スキルを組み合わせて横に広げていく人生の豊かさにもピンとこない。**世の中はもっと思っているより広いですよ。

だから、**これからは仕事に何を求めていくか、「仕事の報酬は何か」を考えることも必要。**報酬はお金や地位だけじゃない。例えば、直接「ありがとう」と言ってもらうことで心が満たされる時間をつくれるのも報酬だし、これまでの自分の領域にはいなかった人とのつながりをつくれるのも報酬。もちろんお金も入ってこないと続かないけど、そのバランスがやっぱり大事よね。自分が何で満たされるか。仕事の「報酬」は1つだけじゃないからね。

紫乃ママpoint

人生後半は「must」より「want」に着目しよう

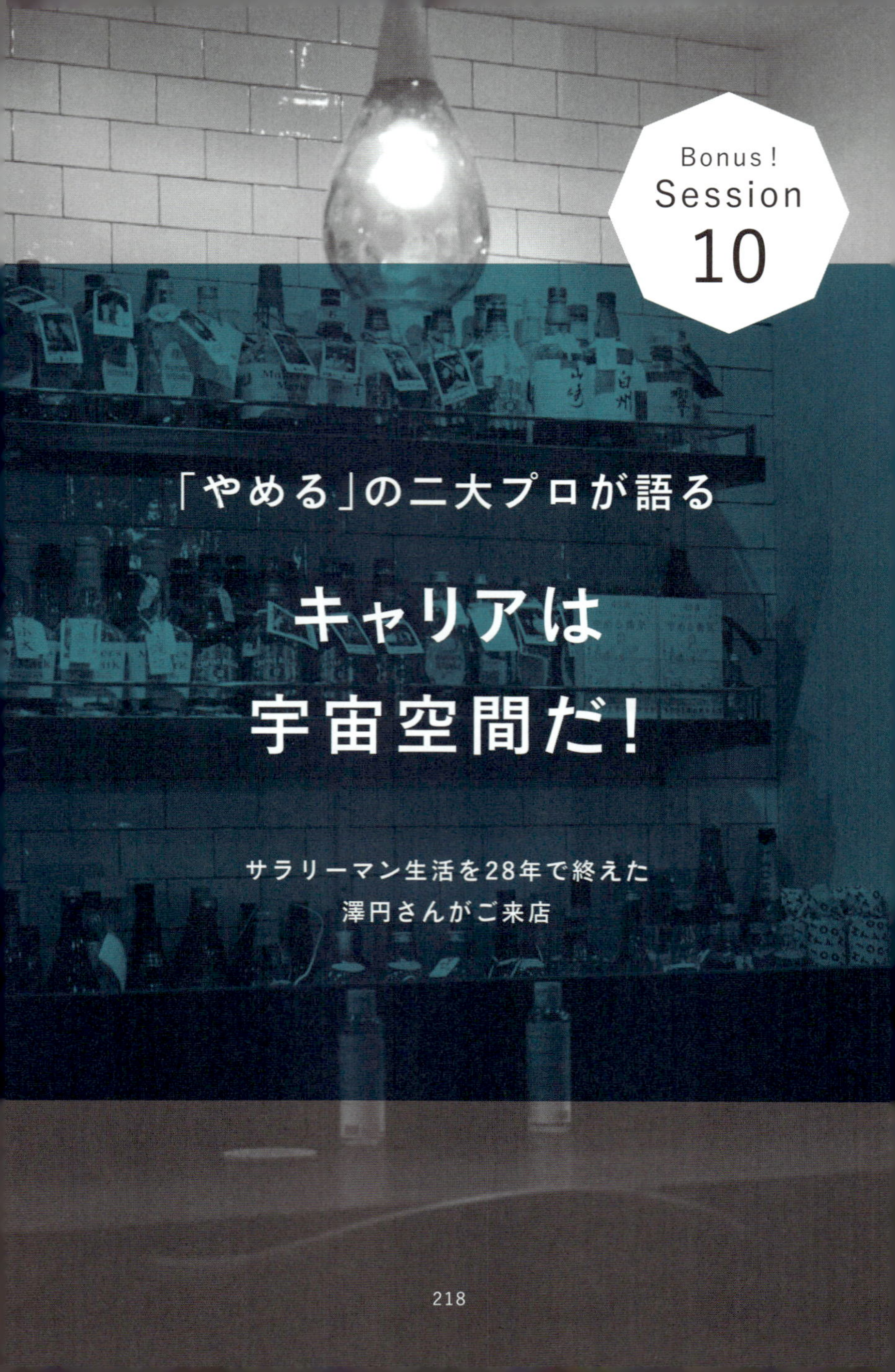

Bonus!
Session
10

「やめる」の二大プロが語る

キャリアは宇宙空間だ！

サラリーマン生活を28年で終えた
澤円さんがご来店

澤 円（さわ・まどか）

圓窓代表取締役

立教大学経済学部卒業後、生命保険会社のIT系子会社を経て1997年に日本マイクロソフトに入社。コンサルタント、プリセールスSEなどを経て業務執行役員、テクノロジーセンター長に。在職中からプレゼンの名手として知られる。2020年に23年間勤めた会社を退職し、起業。現在は武蔵野大学アントレプレナーシップ学部の専任教員も務める。著書に『メタ思考～「頭のいい人」の思考法を身につける』（大和書房）など。

紫乃ママ　いらっしゃい。あら澤さん、お久しぶり！

澤　どうもどうも。あ、ハイボールください。

紫乃ママ　はい、ハイボール。2020年に28年間の会社員人生を終えましたね。

澤　はい、そうです。でも、突然に辞めたっていうわけじゃなくて、僕の中ではけっこう時間をかけて辞めたという感じかな。最初の会社に5年、日本マイクロソフトに転職して23年、サラリーマン歴計28年。最後のほうは、正確に言うと半分は辞めている状態で在籍していたから（笑）。

紫乃ママ　そうよね。会社員時代から個人のお名前でバリバリ活躍されていたから、マイクロソフト社の業務委託で働いているのかと思っていたくらい。

澤　こう見えても社畜でした。あ、もちろん冗談です。**サラリーマン時代の僕は「何者でもない」時期がずっと長かった。**でも、気づくと人を勇気づけているな、と感じることが多くなって。40歳前後から「(人を)勇気づけている自分」が僕の「Being(ありたい姿)」に近いなと気づいたんです。

それで、本業以外のアウトプットを多めにしようと思い始めたんです。そう決めると、社外セミナーの講師やWeb連載の依頼が来始めて、いろいろなことが一気に回り始めましたね。でもね、最初からお金になっていたわけじゃなくて。**初めてやった社外での講演の報酬は、手作りのケーキでしたよ**(笑)。

紫乃ママ　報酬が手作りケーキ!　それ最高ですね。

澤　あるとき、大学でゲスト講義をしたんだけど、学生から「澤さんのセカンドキャリアはなんですか?」って聞かれたんだよね。そこから、「そうか、大学の先生はありかも」と考え始めた。そうしたら、その翌年に大学の客員教授を依頼されることになり、今度は周りから「教授になるなら著書を出したほうがいいですよ」とアドバイスされたんです。

それで知り合いの編集者に聞いたら、「出版社に企画を持ち込むのは、ウケがよくないから、まず何かを別の媒体で書いてみたほうがいい。Ｗｅｂで連載なんかをしていると、そのアウトプットに価値があると分かったらすぐ出版依頼がくるから」って言われたんですよ。それでプレゼンテーションに関する連載をＷｅｂで書き始めたら3ヵ月で出版が決まったってわけ。それから執筆やイベントの依頼が増えていって、相対的に会社員としての割合が小さくなっていったんだよね。外で仕事するときは肩書から会社名や役職も外していたから、会社に属しているメリットが徐々になくなっていったんだよね。

紫乃ママ　点をつなぎ合わせていったら自然に個人としての活躍の場が増えていったんですね。辞める大きなきっかけはあったんですか？

退職のきっかけになった2つの出来事

澤　これ以上副業を増やすと本業に支障が出るかな、と思っていたタイミングで

2つの出来事があったんです。1つはコロナ禍。もう1つは、あるSNS投稿でZoomをポジティブなトーンで紹介したら、「日本マイクロソフトの業務執行役員が、他社の製品を薦めた」っていう図式になってしまった。もちろんこれは完全に僕のミスなんだけど、こういうことが問題になってしまうなら、僕はもう組織にいないほうがいいと思ったのも事実。会社は好きだけど、もっと自由にテクノロジー全般を語れるようにして、**「自分のタグ」だけで生きていくことをしてもいいのかな**と思った。

2019年には個人での活動を行う「圓窓」という法人を立ち上げて事務所も借りていたから、「すべての準備は整っていた」状態。コロナ禍で会社にも行けないし、仕事は自分の事務所で快適にできているしね。

紫乃ママ　会社にいる理由が段階的になくなっていったわけか。

澤　会社では同じポジションにもう9年いたから、次に行きたい部署とか、社外で行きたい会社があるか、20分だけものすごく集中して考えてみたけど、なかった。じゃあ、独立だ！　と。後任も指名して「みんなで支えてあげてね」といって、「最高の23年でした。素晴らしい会社でした。ありがとうございました」と3行メールを送って終わり。

紫乃ママ　20分考えて、3行のメール（笑）。これまで準備してきた澤さんにとってはそれで十分だったんでしょうね。まさに理想的な辞め方。機が熟したんですね。辞めたっていうより、澤さんの中でフェーズが変わったんだ。

他人の物差しで測らない。「自分に合う単位」は？

澤　そう、リセットしてゼロにしたというより、**「これまでとは使う単位が違うところに行く」**という変化です。よく「会社で一生懸命働いても評価されない」っていうキャリア相談を受けるけど、その人の持ち味は例えば「長さ」で測るんじゃなくて、「重さ」や「広さ」、あるいは「速さ」とか、違う単位で測るほうがいいんじゃないかなと思う。だから、別の単位を使っているところに行けばいいと思うんだよね。

紫乃ママ　そこを考えていない人って多いですよね。例えば「市場価値」みたいな言葉。自分の価値を年収だけで語る人もいるけど、大事なことはお金だけじゃない。「年収で測らなくてはいけない」って、すり込まれてしまっている。**自分が大事にすることは何かを考えないで、他人の物差しで測っている人ってけっこういますよね。**

澤　本当にそう。あと、似たような単位で比べてしまう人も多い。地方銀行に勤務する人が、都市銀行や外資の銀行に勤務する人とあれこれ比べても単位はあまり変わらない。そうじゃなくて、例えば銀行員が建築業界を見てみるとか、独立することを考えるとか。仕事や評価の単位が全く違うもので考えてみるほうがいい。新たな可能性が見えてきますよ。

「何も持たない自分」をシミュレーションしてみる

澤 僕は30代の頃から、**「東京が焼け野原になったら自分は生き延びられるか」を考えることを習慣化してきた**んですよ。格闘技をしているから体は丈夫、料理もできる。自分の身を守ってしばらく生き延びることはできそうだ。じゃあ、その先、もっと長く生き延びるためには、何があったほうがいい？ コミュニティーだな、と。

そこで、コミュニティーをつくるにはどうすればいいかを考えて、まず、相手に敵意がないことを示し、リーダーシップを取ってコミュニケーションすることが大事だから、それを実践しています。そういうシミュレーションをしていると、新型コロナウイルスなんて誤差の範囲ですよ。電車も動いているし、食べ物も手に入る。僕の最悪の事態はこんなもんじゃなくて、焼け野原ですから（笑）。

紫乃ママ 「今の状態」がこの先もずっと続くと思ってちゃいけないですよね。会社だって倒産するかもしれない。**今が未来永劫続くと思って受け入れているほうがリスク。**澤さんみたいに、変化に備えていかないとね。

人間はやらない理由を見つける名人

澤　それに、何を始めるにも「遅い」ってことはきっとない。でも、一歩目を踏み出さずにずっと悩んでいる人がすごく多いんですよね。

紫乃ママ　「自分がやりたいことをやる」って当たり前のことだけど、これができない人が多いのよね。「定年したら」っていう人が多いけど、今考えていることが1つでもあるなら、「すぐやったほうがいいじゃん」って思いますよね。考えている段階は、ただの妄想。悩みにすらなっていないのよね。

澤　人間はやらない理由を見つける名人だからね。やらないと成功には近づけないけど、やった人間には成功が速足で来てくれる。**だからアクションし続けると**

成功までがどんどん早くなる。

よく、「何から始めればいいですか」って聞かれるんだけど、僕は**「まずはグレろ!」**と答える(笑)。グレ方は自由。「金髪にする」「会社に下駄で行く」「午後出社を徹底する」とかね。それで、会社がびっくりするような結果を出せば、誰も文句を言わなくなる。僕も髪を伸ばし始めたのは36、7歳頃だった。

紫乃ママ　髪を伸ばしたときは周りから何か言われた?

澤　「ロン毛ですね」って認知されるだけでしたよ。周りの目を気にして遠慮しているこどがあるなら、まずやってみたほうがいい。

紫乃ママ　案外、人は気にしていないしね。で、金髪にしたら着る服も変わるし、周りとの関係も変わるし、集まってくる人も変わってくる。自分がちょっと動くだけで、どんどん変化が拡大していく。40代以降は「自分がやりたいこと」をやる練習を早くしていったほうがいいんです。会社を出たら誰もルールはつくってくれないもの。昔よりテレワークが普及した今は、より自由に行動できるフェーズになっていると思う。

澤　僕の周りでも「自分も変わりたい」っていう40代、50代がようやく声を出してくれるようになった。直接話すと、「意外と澤さんはポンコツなんだな」ってビックリされるんですよ。つまり僕は完璧じゃないし、特別でもない。「ってことは自分もできるかも」と思う。**要はやるかやらないか。**

紫乃ママの口癖、澤さんが言うのをやめた言葉

紫乃ママ　あはは！　ポンコツ。まず、起きたことを「面白い」って、受け止めることは大事。私の夫、あ、もちろん現夫ね、彼は何かあったときにすぐ「面白いね」って口に出すの。それがネガティブなことでもね。想定外のことは誰しも怖いけど、それを「面白い」って口に出して受け止めたらなんとかなりそうでしょ。口癖って大事だから、私もまねしてる。

澤　僕は言うのをやめた言葉があって、**「〜べき」と「難しい」**。

紫乃ママ　うんうん。何かあったときに、すぐに「それは難しいね」って言う人いますよね。「面白い」の対極の言葉。

澤　「難しい」だから「できない」となる。だから**「難しい」を「どうやったらできるか」に変換してほしい。**それに「べき」は思考を極めて狭めるし、「べき」って決めつけても誰もハッピーにならない。だから「私はこう思う」「私はこうする」って変換していく。いわば、自己中戦略です。

紫乃ママ　自己中上等！「〇〇してもいいと思います?」って人の許可を欲しがる人も多いけど、自分が決めていけばいいんですよ。そうやって、一歩ずつ踏み出していけばいいんだけど、どうも踏み出す一歩を大きく捉え過ぎてちゅうちょする人も多いなって思う。踏み出すのはほんの少し、半歩でもいいのにね。

澤　そう、フルスイングしなくていい。**まずは打席に立って、バントでいいから**

バットに球を当てる。バットを出さなければ球は前に飛ばないからね。バントができたら、次にヒットやホームランを狙えばいい。ほとんどの人は、バッターボックスに立つ以前に、バットすら買っていない（笑）。

失敗しても「失敗は学び」って変換できれば最高。僕は失敗すると凹むタイプなんで、本当は失敗したくないけど、**失敗から復活するための方法は行動しかないって分かっていて。**次の行動をすることで復活できる。

紫乃ママ　ほんっとそれ大事。失敗からのリカバリーにしても、次の挑戦にしても、今やりたいことをやらない限り、次のやりたいことは見つからない。やれば、次が見えてくる。よく**「正当化力」**って言っているんですけど、やってみて、後からつなぎ合わせられればいいじゃないですか。後付けでも「このためにコレをやってきてたんだ」って思えれば、自分の中で行動に納得できる。何も動いていなければ自分の中に何も残らないもの。

澤　そうそう、後付けでいいんだよね。

っているんですよ。

誰かにGIVEすることが自分のキャリアにつながる

紫乃ママ　澤さんが本に書かれていましたけど、「誰かのために何か役に立とうと思うことが、結局いろいろなことにつながっていく」って。私も本当にそう思っているんですよ。

キャリアの相談に来る人はベクトルが自分にしか向いていない人が多い。だから、「自分のこれまでの経験とか培ったスキルで誰かの役に立ってみたら？」って言うんです。それが結果的に、自己肯定感やスキルを高めることにつながる。小さなことがまたどこかで自分に返ってきたりする。でも、その発想がなかなか持てなくて、常に「自分は自分のためにどうすればいいか」ばかり考えていると次のステップに進みづらいと思う。何をしたら「ありがとう」って言ってもらえるか、考えるといいと思う。

澤　何かをＧＩＶＥするって、ハードルを上げる必要はなくて、サッと出せるものでいいんだよね。例えば小学生レベルだけど、ドレミファソの「ソ」の高さで「おはよう！」って、あいさつする。不機嫌に見えるおっさんは多いから、それだけでも十分なＧＩＶＥ（笑）。ご機嫌でいるだけで周りに優しくなってるってこと。

「幸せの解像度」を高くするには？

紫乃ママ　ほんとに！　あげられるものがなかったら「元気」だけでもいいじゃんってよく思う。今よりもう少し笑顔になれば、周りも自分も20％増しで楽しいことが起きますよ。

澤　本当は人生の選択肢は無限にあって、どれを選んでもいいんだよね。独裁国家の圧政下にあったり、監禁されたりしてるわけでもないしね。それだけでまずハッピー。それを分かっていないともったいないよね。

幸せの解像度が低過ぎると分かりやすい文字情報みたいなものに依存しやすくなる。自分で「これいいじゃん！　面白い！」って感じるものには幸せの解像度を高くして、分析していく。ちなみに、僕の楽しみの1つが「チェアリング」。かみさんと2人で公園に椅子を持っていってビールを飲みながら本を読んでのんびり過ごす。それだけでハッピーになれるんだよね。

紫乃ママ　澤さんの話を聞いていると、幸せの種類がたくさんあっていいなあって感じます。しんどそうだなと思う人は幸せのバリエーションが少なくて、状況がちょっとでも変わった途端に不幸になっちゃうの。やっぱり幸せの解像度を上げるためには、自分の体が喜ぶことをやるとか、自分の体が嫌だと思うことはやめるってことが大事だと思う。生理的に嫌なことをやめると、気持ちに余白ができて自分の幸せの解像度が上がるし、元気も出てきて人に対しても優しくなれますよね。

「島耕作」に代わる新しいロールモデルが必要

紫乃ママ　今までの50代、60代男性のロールモデルってどんどん出世していく島耕作だったけど、あんなのもう幻想でしょ。だから澤さんにはそれに代わるロールモデルになってほしいわあ。

女性は企業社会ではメインストリームをほとんど歩いていないから、まだすり込みが浅いけど、男性は無理やりにでもメインストリームを歩かされているから、自分がポストから外れたり、リストラされたりして目指すものがなくなったときに「え、どうしよう」って身動きが取れなくなりがち。でも、澤さんみたいな方がロールモデルになって「もっと自由にいこうぜ」って言ってくれたら、「それもありだな」と思えますよ。

澤　僕みたいに、自分の軸で立って働く人は増えていますよね。これまでは「キャリア」って年齢とポジションが相関する2次元だったから、そこから脱落するとすごくつらかった。まるで半沢直樹の世界ですよ。でも、僕は**キャリアは宇宙空間だと思ってる。**どこに浮いていてもいいし、上下のない空間だから自由なんです。そして、空間の中に、自分中心の球体をつくって、その中身を自分の興味ややりたいことで満たして、どんどん大きくしていけばいい。

同じような空間で同じようなベクトルを向いている人と触れ合うことができるし、「同じこと考えているならコラボする?」ってなる。そう捉えるともっと生きるのが楽になるよ。

紫乃ママ 「宇宙空間」かあ。さすがスケールが大きいです。澤さん、キリストに似てるから世界は網羅していると思ってたけど、宇宙までいくとは。キャリア無重力説、無敵です!

おわりに

最後まで読んでくださってありがとうございました。

もう気がついているかもしれないけれど、人生なんて思い通りにいかないことばかりよね。予想したことは大抵外れるし、異動やら、転勤やら、昇格やら、思いがけない出来事は「今じゃやなくても……」っていうタイミングでやってくるもの。そもそも会社なんて思惑の違う他人の集まり。自分の思い通りになんていくわけがない。

この本に出てきた人たちも、計画通りにきっちりとキャリアステップを踏んだ人は1人もいない。長い会社生活や人生のなかで、突然やってくる不本意な出来事や、一般的にはチャンスと言われるものでさえも、人によっては違和感やしんどさを覚えることがある。それを見ないふりをしないでしっかりと受け止め、考え、悩み、そして自分なりの答えを出していった人たちなの。

会社を辞めること、辞めないこと。どちらの選択も間違いじゃない。

たまたま結果として選んだ道をどう歩んでいくか。少し時間がたってから「あのときにあの道に決めてよかった」と思えるように意地でもしていく、それが大事だと思うの。この決断をすれば、いい人生が送れるはず。そう思っていても人生は私たちに容赦なくチャレンジを強いてくる。道が違ってきたと感じたら、選び直せばいい。それだけのことよ。選んだ自分を責める必要なんてない。

人生にもこの本にも、これで絶対ＯＫ！　なんていう「答え」はないわ。だからこそ、少し肩の力を抜いて自分が大事にすることは何かをしっかり考えてみて。だって人生は一度だけだし、私たちには残された時間、そんなにないんだからさ。

最後に一つ私からのメッセージ。

あなたが1日くらい休んでも、会社は絶対に潰れない。

疲れたら、迷ったら、自分のための時間をとってあげてください。自分を大事にできるのは最後は自分だけだから。そしてそんな話をしたくなったら、こっそり、いやしっかり、お休みをとって、平日の真っ昼間、東京・赤坂見附のお店に遊びにきてください。

いつでも待っています。

「スナックひきだし」紫乃ママこと木下紫乃

ミドルシニアのキャリア支援事業会社CEO &
「スナックひきだし」オーナー
木下紫乃 Shino Kinoshita

1968年、和歌山県生まれ。慶応義塾大学卒業後、リクルートに入社。その後、5社へ転職。47歳で慶応義塾大学大学院修了。2016年には40代、50代のキャリア再構築を支援する会社「ヒキダシ」を設立。企業研修（セカンドキャリア研修）や中高年のキャリアコーチングをなりわいとするかたわら、2017年に週1回営業する「スナックひきだし」を開店し、2020年に赤坂見附へ移転。スナックのママとして、のべ3000人以上の人生相談を聞く。55歳で社会福祉士の資格を取得。プライベートでは3度の結婚など紆余曲折、盛りだくさん。キャッチフレーズは「どこに出しても恥ずかしい人生」。著書に『昼スナックママが教える 45歳からの「やりたくないこと」をやめる勇気』（日経BP）がある。

キャリア後半の人生戦略

「会社を辞めて幸せな人」が辞める前に考えていること

2024年11月25日　第1版第1刷発行

著者　木下紫乃
発行者　佐藤珠希
発行　株式会社日経BP
発売　株式会社日経BPマーケティング
〒105-8308　東京都港区虎ノ門4-3-12

ブックデザイン　上坊菜々子
本文デザイン　佐田 潤（ESTEM）
編集協力　竹下順子
イラスト　坂本伊久子
撮影　洞澤佐智子
校閲　田邉香織
編集　市川礼子（日経BP）

印刷・製本　TOPPANクロレ

　ISBN 978-4-296-20674-2 Printed in Japan